第2版

実務担当者・社員のための

給与と源泉徴収

杉山　茂
上野　登　共著

税務研究会出版局

改訂にあたって

近年、「働き方改革」の一環として、給与所得に関する税制改正が相次いで行われました。改正の中心をなす「給与所得控除」や「基礎控除」の見直しなどは、社員など個人の税負担に直結するほか、給与所得の源泉徴収事務、特に年末調整事務に大きな影響を及ぼします。

このことを受け、令和2年分から適用される給与所得の源泉徴収に関する改正について、巻頭に「トピックス」としてまとめて掲げました。

改正内容とそれに伴う源泉徴収事務への影響について、事務処理担当者等が対応できるよう実務面にも配慮して編集しました。

上記に加え、図や表、「コラム」欄を見直すとともに、よりわかりやすい解説を心がけました。

本改訂版が、初版にも増して給与の源泉徴収に関わる方々に、給与の範囲や課税の仕組みなどを理解していただくための一助となれば幸いです。

令和２年９月

著　者

はしがき（初版）

国税庁発表の平成28年分民間給与実態統計調査結果によりますと、１年を通じて勤務した給与所得者は4,869万人、うち源泉徴収により所得税を納税している者は4,112万人となっており、給与所得者及びそれに関わる企業等の存在感の大きさを示しています。

いうまでもなく、我が国の給与所得の課税は、「源泉徴収制度」に依存しています。この制度を支えているのは、所得税の計算、徴収や納付など一連の事務を担う源泉徴収義務者です。

本書では、一般的な事業を行う会社と社員の源泉徴収に関わる基本的な事項について、はじめて源泉所得税の実務を担当する方にも理解しやすいよう、①基本的な仕組みを説明した上で、②個別事例をＱ＆Ａ方式で、③図表や各種様式の記載例などを多く取り入れるなどして、わかりやすい解説を試みました。

昨今の税制改正をみますと、働き方改革の一環として、配偶者の控除制度や給与所得控除、基礎控除の見直しなどが相次いで行われ、税の問題が働き方の選択肢等に大きく影響していることが窺えます。このことを踏まえ、配偶者等の「給与収入の壁」のテーマや給与の受給者側の問題についても取り上げる（主に「コラム」欄）など、社員目線での解説にも心がけました。

本書が、会社等において源泉徴収の実務を担当されている方、そして給与の受給者である社員を中心に、給与の範囲や課税の仕組みなどを理解していただくための一助となれば幸いです。

平成30年９月

著　者

目　次

第3章　給与所得の課税の仕組み

第4章　給与の源泉徴収事務

第5章　課税されない手当等

第6章　現物給与

第7章　退職所得

第8章　法定調書の作成と提出

《参考資料》（令和２年分）

《凡　　例》

本書において使用した主な省略用語は、原則として次のとおりです。

(1)　法　令

所法…………………所得税法

所令…………………所得税法施行令

所規…………………所得税法施行規則

通則法………………国税通則法

通則令………………国税通則法施行令

消法…………………消費税法

措法…………………租税特別措置法

措令…………………租税特別措置法施行令

措規…………………租税特別措置法施行規則

復興財確法…………東日本大震災からの復興のための施策を実施するために必要な財源の確保に関する特別措置法

〈例〉　所法９①三イ…………所得税法第９条第１項第３号イ

(2)　通　達

所基通………………所得税基本通達

消基通………………消費税法基本通達

平７課法８－５……平成７年課法８－５　国税庁法令解釈通達

(3)　用　語

源泉徴収義務者、給与所得者（受給者）……多くの場面で、統一的に「会社」（＝源泉徴収義務者)、「社員」（＝給与所得者）と表現しています。

（合計）所得金額○○円（給与収入（額）○○円）……給与所得者については、原則として所得金額に相当する給与収入の額を（　　）内に記載しています。この金額は、所得が給与収入のみである場合の相当額ですので、留意してください。

消費税……地方消費税を含みます。

給与所得の各種税額表……簡略化して表現しています。

（例）給与所得の源泉徴収税額表⇒税額表、賞与に対する源泉徴収税額の算出率の表⇒賞与の算出率の表　など

給与所得者の各種申告書……「給与所得者の」の文言を省略するなど簡略化して表現しています。

（例）給与所得者の扶養控除等（異動）申告書⇒扶養控除等申告書　など

※　本書は、令和２年４月１日現在の法令、通達によっています。

◇トピックス◇

税制改正と源泉徴収

《令和２年分から適用されるもの》

平成30年度の税制改正において、働き方の多様化を踏まえ、「働き方改革」を後押しする観点から、給与所得者に適用される給与所得控除が10万円引き下げられる一方、基礎控除を同額引き上げるなどの改正が成立しました。

また、令和２年度税制改正では、従来の「寡婦（寡夫）控除」制度について、離婚歴や性別などの不公平を是正する観点から見直しが行われ、「ひとり親控除」が創設されるなど、制度の再構築が行われました。

これらの改正は令和２年分の所得税から適用され、源泉徴収事務、特に令和２年末に行う年末調整事務に大きな影響を及ぼします。

住民税についても同趣旨の改正が行われ、令和３年度分（令和３年６月納付分）から適用されます。

以下、これらの改正のうち、令和２年分から適用となる給与所得の源泉徴収に関わる改正事項について、その改正内容と源泉徴収事務への具体的な影響を中心に逐次解説します。

改正事項については、なるべくこの項で詳しく説明しますので、本文の掲載項目と重複する部分もありますが、併せてご活用ください。

【平成30年度改正】

❶　給与所得控除の引下げ

給与所得控除の見直しが行われました。

1　給与所得控除の額は一律10万円引き下げられました。（同額が基礎控除に振替）

2　給与所得控除の上限額が適用される給与等の収入金額が850万円（改正前：1,000万円）、その上限額が195万円（改正前：220万円）にそれぞれ引き下げられました。

なお、一定の要件を満たす場合には、所得金額調整控除の適用を受けることができることとされました（下記❸参照）。

改正後の給与所得控除の額は、次表のとおりです。

〈給与所得控除額〉

<table>
<tr><th rowspan="2">給与等の収入金額</th><th colspan="2">給与所得控除額</th></tr>
<tr><th>改　正　前</th><th>令和2年分以降</th></tr>
<tr><td>162.5万円以下</td><td>65万円</td><td>55万円</td></tr>
<tr><td>162.5万円超　180万円以下</td><td>その収入金額×40%</td><td>その収入金額×40%－ 10万円</td></tr>
<tr><td>180万円超　360万円以下</td><td>その収入金額×30%＋ 18万円</td><td>その収入金額×30%＋ 8万円</td></tr>
<tr><td>360万円超　660万円以下</td><td>その収入金額×20%＋ 54万円</td><td>その収入金額×20%＋ 44万円</td></tr>
<tr><td>660万円超　850万円以下</td><td rowspan="2">その収入金額×10%＋120万円</td><td>その収入金額×10%＋110万円</td></tr>
<tr><td>850万円超　1,000万円以下</td><td rowspan="2">195万円</td></tr>
<tr><td>1,000万円超</td><td>220万円</td></tr>
</table>

毎月の源泉徴収

令和２年１月１日以後に支払うべき給与について、改正後の「給与所得の源泉徴収税額表」（巻末＜参考資料＞１参照）を使用して源泉徴収税額を計算します。

扶養控除等申告書及び毎月の源泉徴収の事績を記録する源泉徴収簿の

記載内容が変更されていますので、これらも令和２年分を使用します。

賞与の源泉徴収

令和２年１月１日以後に支払うべき賞与について、改正後の「賞与に対する源泉徴収税額の算出率の表」（巻末＜参考資料＞２参照、特定の場合には上記「給与所得の源泉徴収税額表」）を使用して源泉徴収税額を計算します。

年末調整

給与所得金額及びその所得税額は、改正後の「年末調整等のための給与所得控除後の給与等の金額の表」、「年末調整のための算出所得税額の速算表」（巻末＜参考資料＞３、４参照）により求めます。

参考法令　所法28③④、所法別表第二～別表第五

❷　基礎控除の引上げ

基礎控除の見直しが行われました。

1　基礎控除が、改正前の38万円から一律10万円引き上げられ、48万円となりました。

2　一方、合計所得金額が2,400万円（給与収入額2,595万円）を超える場合には、その所得金額に応じて控除額が段階的に逓減し、2,500万円（給与収入額2,695万円）を超えると基礎控除は受けられなくなりました。

これは、本来、基礎控除は生活保障的意味合いから設けられているにもかかわらず、所得が高いほど税負担の軽減額が大きくなることから、高所得者にまで税負担の軽減効果を及ぼす必要はないのではないかとの考え方に基づいた改正となっています。

改正後の基礎控除額は、次表のとおりです。

〈基礎控除額〉

合計所得金額	(参考) 給与収入等の額	基礎控除額	
		改正前	令和2年分以降
2,400万円以下	2,595万円以下	38万円 (所得制限なし)	48万円
2,400万円超　2,450万円以下	2,595万円超　2,645万円以下		32万円
2,450万円超　2,500万円以下	2,645万円超　2,695万円以下		16万円
2,500万円超	2,695万円超		なし

【参考】

給与所得控除の額10万円引下げと基礎控除の額10万円引上げを通じて、実質的に影響を受ける給与所得者は、次表のとおり、給与収入850万円がそのラインとなります。

<給与所得控除と基礎控除の改正による影響額（イメージ）>

給与収入	850万円	900万円	950万円	1,000万円超
控除額	変わらず	▲5万円	▲10万円	▲15万円

(注) 給与収入850～1,000万円の者は、徐々に控除額が減少します。

年末調整

社員が年末調整の際に基礎控除の適用を受ける場合には、所要の事項を記載した「基礎控除申告書」を会社に提出する必要があります。

なお、この申告書様式は、従前の配偶者控除等と今回の改正で新たに創設された所得金額調整控除（下記❸）を受けるための申告書を兼ねた「給与所得者の基礎控除申告書 兼 給与所得者の配偶者控除等申告書 兼 所得金額調整控除申告書」(以下「兼用様式」といいます。) として新たに定められています。

参考法令　所法86①、190、195の３、所規74の５

❸　所得金額調整控除の創設

上記❶及び❷の改正による緩和措置として、所得金額調整控除が創設されました。

「子育て世帯」や「介護世帯」に配慮し、その年の給与の収入金額が850万円を超える給与所得者（増税の対象となる者）のうち、①受給者である社員自身が特別障害者の場合、②23歳未満の扶養親族（扶養控除の対象とならない16歳未満の者を含みます。）がいる場合、あるいは③特別障害者である同一生計配偶者若しくは扶養親族を有する場合には、以下の算式による額が年末調整時に給与所得から控除されます。これは、要件に該当する給与所得者のみが受けられる控除です。

扶養控除等と異なり、例えば夫婦双方が給与収入850万円を超える場合であっても、この控除の要件に該当すれば、夫婦両方がこの控除の適用を受けることができます。

【算式】（給与収入（※）－850万円）×10％＝所得金額調整控除額
（最高15万円）

※　給与収入が1,000万円を超える場合は、1,000万円となります。

年末調整

社員が年末調整の際に所得金額調整控除の適用を受ける場合には、「所得金額調整控除申告書」（新設：兼用様式）を会社に提出する必要があります。

参考法令　措法41の３の３、41の３の４、措規18の23の３

❹　各種所得控除の見直し

上記❶～❸の改正に伴い、各種所得控除を受けるための扶養親族等の所得要件の見直しが行われました。

具体的な内容は次表のとおりです。

〈各種控除の所得要件：主なもの〉

対象者	対象者の所得（合計所得金額）要件		備　　考
	改正前	令和2年分以降	
同一生計配偶者 扶養親族	38万円以下	48万円以下	給与収入換算では、改正前と変わりません。 （例）合計所得金額が、改正前38万円以下、改正後48万円以下の場合の給与収入換算額はいずれも103万円です。
源泉控除対象配偶者	85万円以下	95万円以下	
配偶者特別控除の対象となる配偶者	38万円超　123万円以下	48万円超　133万円以下	

毎月・賞与の源泉徴収

扶養控除等申告書の提出に基づく「扶養親族等の数」は、改正後の所得要件によって判断することになります。

年末調整

年税額を算出する際の所得控除の適用に当たっては、改正後の所得要件により判断します。

参考法令　所法２①三十三、三十三の四、三十四、83の２　など

❺　年末調整関係書類の電磁的方法による提供

生命保険料控除等の年末調整関係書類について、その添付書類（証明書等）についても電磁的方法による提供が可能となりました。

年末調整関係書類の電磁的方法（以下「電子データ」といいます。）

による提供については、平成19年に扶養控除等申告書などに導入され、新たに（特定増改築等）住宅借入金等特別控除申告書なども対象となるなど、利用の拡大が図られています。

今回の改正では、会社の更なる事務負担の軽減と社員の利便性の向上を図る観点から、社員が各種控除を受けるための添付書類（証明書等）の提出についても、電子化できる書類に加えられました。

具体的には、令和２年分の年末調整（令和２年10月１日以後に社員から提供を受けるもの）から、社員が保険会社等から交付を受けた次の証明書等について、原本の提出に換え、電子データの提出によって年末調整を行うことが可能となりました。

・生命保険料控除 ⇒ 生命保険料控除証明書

・地震保険料控除 ⇒ 地震保険料控除証明書、旧長期損害保険料控除証明書

・（特定増改築等）住宅借入金等特別控除
⇒ 住宅資金に係る借入金の年末残高証明書

この制度の適用を受けるためには、所轄税務署長に「源泉徴収に関する申告書に記載すべき事項の電磁的方法による提供の承認申請書」を提出し、その承認を受ける必要があります。

この申請書は、税務署長から承認通知がなかったとしても、提出した翌月末日に承認があったものとされます。

例えば、本改正が適用される令和２年10月１日から適用を受ける場合には、同年８月中にこの申請書を提出すれば、９月末日に承認があったものとみなされることになります。

なお、扶養控除等申告書などについて、既にこの申請書を提出し税務署長の承認を受けている場合には、その対象書類が新たに加わったとし

ても、申請書をあらためて提出しなおすことなく、この制度の対象となる全てについて適用することできます。

この改正に伴い、年末調整手続において、社員がこの電子データを用いて簡便・正確に保険料控除申告書等を作成し、会社に対して電子データでの提出を可能とする「年末調整ソフト」が国税庁のホームページに無償提供されます（令和２年10月公開予定）。

年末調整手続の電子化に関する詳しい情報は、国税庁のホームページ等で確認できます。

参考法令 所法198⑦、所令319の２⑦、措法41の２の２④⑤

【令和２年度改正】

❻ 未婚のひとり親に対する税制上の措置及び寡婦（寡夫）控除の見直し

寡婦（寡夫）控除制度が見直され、ひとり親控除と寡婦控除に改組されました。

改正前の「寡婦（寡夫）控除」制度は、未婚の場合には適用されないなど、婚姻歴の有無や性別の間の不公平が指摘されていました。これらの問題を解消するため、男女の差なく未婚も含めた子供がいるひとり親にまで適用範囲を拡大するなどの見直しが検討されていました。

今回の税制改正では、離婚や性別にかかわらず、子供がいるひとり親に対して「ひとり親控除」を創設するとともに、ひとり親に該当しない「寡婦控除」についてその適用要件が見直されました。

この改正により、従来の寡婦控除の特例（特別の寡婦）と寡夫控除は、ひとり親控除に吸収された形で廃止することとされました。

1　ひとり親控除（控除額：35万円）

社員がひとり親（現に婚姻をしていない者又は配偶者の生死の明らかでない者のうち、次に掲げる要件を満たす者をいいます。）である場合には、「ひとり親控除」として、その年分の総所得金額等から35万円を控除することとされました。

①　生計を一にする子（所得金額48万円超の者を除きます。）を有すること

②　合計所得金額が500万円（給与収入6,777,778円）以下であること

③　事実上婚姻関係と同様の事情（いわゆる事実婚）にあると認められる者がいないこと（住民票の続柄に「夫（未届）」「妻（未届）」の記載がないこと）

2　寡婦控除（控除額：27万円）

ひとり親に該当しない寡婦（従来の一般の寡婦）については、扶養親族を有する寡婦も含めて、上記１②の所得要件と③の事実婚にないことの要件が追加されました。

毎月・賞与の源泉徴収

本改正は年度中途での改正であり、令和２年分の月々の源泉徴収税額の計算方法（税額表の適用における「扶養親族等の数」）を変える必要はありません。

改正がなかったものとして月々の源泉徴収を行い、改正の内容を適用する場合には、年末調整で精算することになります。

なお、令和３年１月以降に支払うべき給与等からは、扶養控除等申告書の提出を受けた上で、毎月の源泉徴収を行うことになります。

年末調整

年末調整で「ひとり親控除」を受ける場合（改正により控除額が増額

となる場合を含みます。）には、その際に、扶養控除等申告書の提出（または異動内容の訂正）を受ける必要があります。

改正前は寡婦（寡夫）控除の対象ではなかったいわゆる未婚のひとり親が「ひとり親」に該当することとなる場合や、反対に、改正前は寡婦（寡夫）控除の対象であった者が所得要件などの改正に伴い控除対象に該当しないこととなる場合がありますので、注意を要します。

この改正事項が適用される場合の年末調整関係書類の調理要領は、以下のとおりです。

【扶養控除等申告書】

令和２年分の様式には、本改正事項が織り込まれていません。様式に表示されている「寡婦」、「寡夫」又は「特別の寡婦」欄を「ひとり親」に訂正又はチェックを付けていた同欄を二重線により抹消するなど、適宜の方法により記載することとして差し支えありません。

また、令和３年分の扶養控除等申告書には、「ひとり親」欄が設けられていますので、この申告書の「令和３年分」を「令和２年分」に訂正して使用しても構いません。

【源泉徴収簿】

令和２年分の様式には、本改正事項が織り込まれていません。「扶養控除等の申告」の該当欄を、上記扶養控除等申告書と同様の方法で訂正等をして使用します。

【給与所得の源泉徴収票】

「ひとり親」欄が設けられた改訂された様式を使用します。

参考法令　所法２①三十、三十一、80、81

第 1 章
源泉徴収の基礎

❶ 源泉徴収制度

1　源泉徴収制度の仕組み

所得税では、所得者自身が、暦年ごとに所得金額と税額を計算し、自らが申告と納付をする「申告納税制度」が採られています。これと併せて給与などの特定の所得については、下図に示すように、会社（源泉徴収義務者）がその所得を社員など（給与所得者）に支払う際に所得税を天引きして国に納付することになっており、この仕組みを源泉徴収制度といいます。

この制度を受けて、所得者が前もって源泉徴収された所得税の額は、基本的には、給与の場合は会社が行う年末調整という手続によって、また、個人事業者等に支払う報酬・料金等に係るものは、これらの者が行う確定申告によって精算される仕組みになっています。

〈源泉徴収の仕組み〉

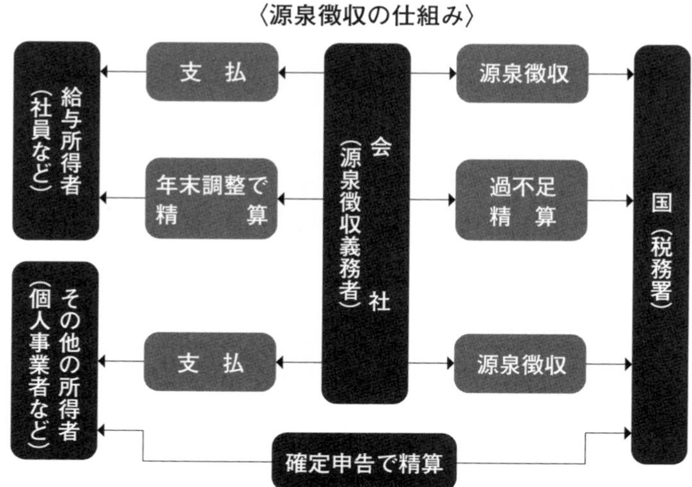

2　源泉徴収義務者

源泉徴収制度における源泉徴収義務について、５Ｗ１Ｈ方式でみてみましょう。

Who（誰が）	会社が（源泉徴収義務者）
Where（どこで）	給与等を支払う事業所等の所在地で（納税地）
What（何を）	源泉徴収の対象となる所得を（対象となる支払）
When（いつ）	支払う時に源泉徴収をし（源泉徴収をする時期）
Why（どんな目的で）	国に納付する目的で（納付期限）
How（どのように）	所定の方法により納付します。（納付手続）

こうしてみますと、源泉徴収制度における主役は「源泉徴収義務者」ということになり、この位置を給与等の支払者である会社などが担うことになります。

3　会社と国及び所得者の関係

源泉所得税は、会社が自らの税を負担するわけではなく、税を負担するのはあくまでも所得の支払を受ける相手方（社員など）であるという点が、法人税などと決定的に異なるところです。

所得税は、確定申告という手続を通じて所得者と国との間に直接的な法律関係が生じます。これに対し、源泉所得税の場合は、前ページの図（源泉徴収の仕組み）を見てお分かりのとおり、国と源泉徴収義務者である会社との法律関係にとどまり、国と所得者（社員など）の間には直接の法律関係は生じません。

したがって、例えば所得税の確定申告で所得金額や税額が誤っていた場合には、所得者自らが更正の請求などにより是正することができますが、源泉所得税額が多く徴収（過誤納など）されていたような場合は、所得者自身が直接是正の手続をすることはできず、源泉徴収義務者を通じて行う、などの違いが出てきます。源泉徴収漏れなどがあった場合には、それに対応する所得税額について、源泉徴収義務者は所得者に対し、求償権を有することになります。

このような税額などの是正の仕方や多くの給与所得者は年末調整という手続で納税が完結することなどからみても、源泉徴収義務者となる会社は、社員などの所得金額や税額等を正しく確定させるという極めて重要な義務を担っています。

 所法6

コラム

社員が源泉徴収税額等の誤りを把握した場合

社員が、給与の源泉徴収税額や年末調整の計算誤り等を把握した場合には、会社を通じて是正することになります。

その結果、源泉徴収税額に異動があり、多く徴収していた場合には会社が社員に還付をすることになります。逆に、徴収漏れがあった場合には、原則として、会社が社員から徴収します。

還付や徴収後の納付などの税務署に対する手続は、全て会社が行います。

❷ 源泉所得税の納税地

会社が源泉徴収をした所得税は、会社の納税地を所轄する税務署に納付することになります。この納税地は、給与等の支払事務をする事業所などのその支払日における所在地とされています。

通常は、会社の本店所在地イコール源泉所得税の納税地となりますが、例えば、本店以外に支店や営業所等でも給与の支払事務を行っている場合には、それぞれの所在地が源泉所得税の納税地となります。

１　「給与支払事務所等の開設届出書」の提出

会社を設立すると、一般的には給与の支払が発生することになりますので、その旨を設立後１か月以内に所轄税務署に届け出る必要があります（法人税の「法人設立届出書」は、設立後２か月以内です。）。

支店等において給与の支払事務を行う場合には、それぞれの支店等ごとに別途その所轄税務署に提出する必要があります。

２　会社に異動があった場合の届け出

会社に次のような異動があった場合には、１か月以内に「給与支払事務所等の移転・廃止届出書」（上記１の開設届出書と同じ様式です。）を、所轄税務署に提出することとされています。

⑴　解散や廃業、休業等により給与の支払がなくなったとき

⑵　支店や営業所等での給与の支払事務が本店へ引き継がれたとき

⑶　本店等を移転したとき（提出先は移転前の所轄税務署のみ）

なお、上記⑶の移転があった場合、移転前に発生した未納付分も含め、

その全ての源泉所得税について移転後の所轄税務署に納付することになります。

参考法令　所法17、230、所令55①、所規99

❸ 源泉徴収の対象となる支払

源泉徴収の対象となる支払は、社員などへの給与が一般的ですが、そのほかにも源泉徴収すべき支払は幅広いものとなっています。

支払う相手方（所得者）が個人か法人か、さらに個人であれば居住者か非居住者か、法人であれば内国法人か外国法人かによって、源泉徴収の対象となる所得の範囲は大きく異なります。

多くの会社に共通して発生すると思われるものを次表に掲げました。

〈源泉徴収の対象となる支払〉

<table>
<tr><th colspan="3">支払先（所得者）</th><th colspan="2">源泉所得税</th></tr>
<tr><td rowspan="5">個人（居住者）</td><td>例　示</td><td>所得区分</td><td>種　　類</td><td>範囲（主なもの）</td></tr>
<tr><td rowspan="2">役　員
社　員
など</td><td>給与所得</td><td>給与等</td><td>俸給・給料等、賞与
賃金　など</td></tr>
<tr><td>退職所得</td><td>退職手当等</td><td>退職手当　など</td></tr>
<tr><td>委任先
請負先
など</td><td>事業所得
雑所得
など</td><td>報酬・料金等</td><td>税理士等の報酬・料金
原稿料、著作権の使用料
放送謝金等
外交員等の報酬・料金　など</td></tr>
<tr><td>株主</td><td>配当所得</td><td>配当等</td><td>剰余金、利益の配当など</td></tr>
</table>

参考法令　所法181、183、199、204

コラム

居住者と非居住者

居住者とは、国内に住所を有する個人又は現在まで引き続いて１年以上居所を有する個人をいい、それ以外の個人を非居住者といいます。

非居住者に該当する場合は、同じ給与であっても、源泉徴収の計算方法などが居住者の場合と大きく異なりますので、注意する必要があります。詳細は、「第４章第４節　海外勤務者（非居住者）に支払う給与」を参照してください。

❹　源泉徴収をする時期

源泉徴収をする時期は、その対象となる所得を支払う時であり、源泉徴収税額は、特別の手続をすることなく支払った時に確定します。

1　納税義務の成立と税額の確定

法人税は、事業年度が終了した時に納税義務が成立し、申告書を提出することによって税額が確定します。

これに対し、源泉所得税は、源泉徴収をすべき特定の所得を支払った時に納税義務が成立し、その税額は特別の手続をすることなく法令の定めるところに従って自動的に確定します。したがって、この「支払」の時に源泉徴収の事務手続を行うことになります。

2 「支払」とは

この「支払」とは、給料を社員などの銀行口座に振り込むなど現実に金銭を交付する行為などをいいますので、たとえ支払うことが確定していても、現実にその支払がない場合には源泉徴収をする必要はありません。「支払なければ源泉徴収なし」が大原則です。

なお、この「支払」には、上記のほか、元本に繰り入れるなど支払の債務が消滅する一切の行為（供託や債務の免除など）も含まれます。

【仮装通貨による給与等の支払】

仮装通貨の流通により、社員からの要望を受け、給与等の全部又は一部を会社が保有する仮装通貨で支払う場合があります。この支給は、社員にとっては給与所得となりますので、支払の際に源泉徴収をする必要があります。

この場合、支給時の取引価格で評価した上、他に金銭支給があればこれらを含めて源泉徴収税額を計算することになります。

なお、給与等を仮装通貨で支払う場合には、労働協約にその旨規定しておくことが必要です。

ただし、「支払なければ」の例外として、役員賞与や株主への配当などのように、支払が確定した日から１年を経過した日までに現実の支払がない場合であっても、１年を経過した時点で支払があったものとみなして源泉徴収すべき場合もあります。

支払の確定日　令和２年５月25日 → 支払ったとみなされる日　令和３年５月26日

参考法令　所法181、183、通則法15②二、③二、所基通181～223共－１、181～223共－２

❺ 源泉所得税の納付期限

１　納　付　期　限

会社が源泉徴収をした所得税は、原則として、その所得を支払った月の翌月10日までに納付しなければなりません。ただし、10日が日曜日、祝日などの休日や土曜日に当たる場合には、その休日明けの日が納付期限となります。

〈納付期限の原則と10日が日曜日等の場合の例〉

所得の支払　→	翌月	10日	11日	12日	13日		【納付期限】
【ケース１　原　則】		（水）	（木）	（金）	（土）	⇒	10日
【ケース２　日曜日】		（日）	（月）	（火）	（水）	⇒	11日
【ケース３　祝　日】		（水）	（木）	（金）	（土）	⇒	11日
【ケース４　土曜日】		（土）	（日）	（月）	（火）	⇒	12日

２　納　期　の　特　例

給与の支給人員が常時10人未満（平常時の支給人員）である会社については、給与や退職手当、税理士等の報酬・料金に係る源泉徴収税額を年２回にまとめて納付できる「納期の特例制度」があります。

〈納期の特例の納付期限〉

源泉徴収をした期間	納付期限	特例対象となる源泉所得税
1～6月	7月10日	給与、退職手当等及び税理士報酬など所法204①二の報酬・料金
7～12月	翌年1月20日	

この適用を受けるためには、所轄税務署に「源泉所得税の納期の特例の承認に関する申請書」を提出して承認を受ける必要があります。提出月の翌月末までに却下等の通知がない場合は、承認があったものとみなされ、提出月の翌々月の納付分（提出月7月の場合：8月支給（9月10日納付期限）分）からこの特例が適用できます。

参考法令　所法183、216、217、所規78、通則法10②、所基通216－1、216－2

❻ 源泉所得税の納付手続

1　給与等の源泉所得税の納付

源泉徴収をした税額は、納付期限までに支払額や税額などを記載した「納付書（給与所得・退職所得等の所得税徴収高計算書）」を添えて、金融機関若しくは所轄税務署の窓口で納付します。

毎月納付の場合は「一般用」、年2回納付の納期の特例適用者は「納期特例用」の納付書を使用します（第4章第1節❸【記載例②】参照）。

なお、決済手段の多様化に対応して、上記以外に、電子申告（e-Tax）を利用したダイレクト納付やインターネットバンキングからの納付、クレジットカードによる納付、コンビニでの納付もできます。これらの詳しい情報は、国税庁のホームページ等で確認できます。

2　納付書（所得税徴収高計算書）の種類

納付書は、給与等では一般用と納期特例用の２種類、給与以外のものが８種類、計10種類があります。なお、弁護士や税理士などの報酬・料金は、給与等ではありませんが、支払機会が多いということで、報酬・料金等の納付書ではなく、給与等の納付書を使用します。

参考法令　所法220、所規80

❼　復興特別所得税と源泉徴収

平成25年１月１日から令和19年12月31日までの間に生じる所得について、東日本大震災に係る復興特別所得税が課せられています。

源泉徴収の際には、この復興特別所得税も併せて徴収し、その合計税額を納付期限までに所轄税務署（国）に納付することになります。

1　復興特別所得税の税率

源泉徴収すべき復興特別所得税額は、その所得税額の2.1％相当額です。実務的には、給与等については、税額表に復興特別所得税がすでに加算されており、それにより合計税額を求めますので、特段の計算等を行う必要はありません。なお、税率を使用する場合には、次表を参照してください。

〈所得税と復興特別所得税の合計税率〉　（単位：%）

所得税率	5	7	10	15	16	18	20
合計税率（所得税率×102.1）	5.105	7.147	10.21	15.315	16.336	18.378	20.42

（注）合計税額に１円未満の端数があれば、これを切り捨てます。

2　復興特別所得税の納付等

源泉徴収をした復興特別所得税額は、所得税と区分することなく１枚の納付書（所得税徴収高計算書）にこれらの税額を合計して記載し、所得税の納付期限までに納付します。

源泉徴収票等にも、所得税と復興特別所得税の合計税額を記載します。

このように、復興特別所得税に係る事務手続等は、合計税額が算出される点が異なるだけで、そのほかは源泉徴収制度とほぼ同様です。

3　本書における復興特別所得税に関する表記

本書における源泉徴収税額及び源泉徴収税率は、所得税と復興特別所得税を併せた合計税額、税率で表記していますので留意してください。

参考法令　復興財確法28①②、31①②

Q 1－1　源泉所得税の納付が遅れたとき

前月に源泉徴収をした税額について、納付期限が過ぎてから納付していなかったことに気付きました。何か、ペナルティはあるのでしょうか。

A　原則として、不納付加算税と延滞税が課されます。

１　原則的取扱い

源泉徴収をした税額の納付期限は、原則として支払った月の翌月10日までです。この期限までに完納しなければ期限後納付ということになり、その納付すべき税額に対して、10％の不納付加算税と納付する日までの日数に応じた利息に相当する延滞税（令和２年中の納付期限のものは、２か月間は年2.6％、それ以後は年8.9％）が課されます。

ただし、源泉徴収義務者の責めに帰さない「正当な理由」（災害や交通・通信の途絶など）がある場合は、不納付加算税は免除されます。

２　宥恕的取扱い

⑴　不納付加算税の軽減

所轄税務署から納付すべき税額の通知（納税告知）を受けることなく、自らが気付いて期限後に納付した場合は５％に軽減されます。

⑵　不納付加算税の免除

さらに、上記⑴に該当する場合で、①納付期限から１か月以内に納付し、かつ、②その納付前１年間に所轄税務署からの納税告知処分や期限後納付の事実がない場合は、納付期限までに納付する意思があったものとして、不納付加算税は課されません。

参考法令　通則法60、67、通則令27の２②

Q 1－2　源泉所得税調査と追徴課税

税務調査を受け、源泉所得税の追徴税額があった場合、どのようにすればよいでしょうか。

A　追徴税額は、「納付書」又は所轄税務署からの「納税告知書」のいずれかにより、納付することになります。また、追徴税額のほかに不納付加算税等が課されます。

源泉所得税に対する税務調査は、一般的には法人税や消費税の調査と併せて行われる場合と、対象を源泉所得税に絞った場合とに分かれます。

ここでは、調査の結果、源泉徴収漏れや納付漏れなどが把握され、いわゆる追徴税額があった場合の納付等の手続について説明します。

1　本税額の納付

調査の結果、納付しなければならない追徴税額（本税額）については、①会社自らが「納付書」により納付するか、②税務署からの納税告知書（告知処分）により納付するか、のいずれかによることになります。②の告知処分に対しては、不服申立てをすることができますが、①の場合はそれができないという違いがあります。

追徴税額については、納付漏れの場合を除き所得税の負担者である社員等から、会社の求償権に基づき徴収することになります。仮に、社員等から徴収せず、会社がその税額を負担した場合には、新たな給与等の支払があったものとしてその負担相当額にさらに源泉徴収税額が発生することになります。

2　不納付加算税等の納付

不納付加算税は、上記１の納付方法にかかわらず、源泉所得税の追徴税額は税務署の調査により生じたわけですから、納付すべき税額の10%

相当額が課され、税務署からの通知に基づき会社が納付義務を負うことになります。不納付加算税の額は、所得の種類ごと、かつ、法定納期限の異なるごとに計算し、その額が5,000円未満の場合は全額切り捨てられます。

なお、追徴の原因が、社員等から提出された「扶養控除等申告書」などの記載内容の誤りによるもので、そのことにつき会社に責任があると認められない場合は、その部分に対して不納付加算税は課されません。

また、追徴税額が、帳簿書類の改ざんなど会社の「隠ぺい又は仮装」の事実に基づくものである場合には、不納付加算税に代えて追徴税額の35%（５年内のいわゆる再犯の場合は45%）の重加算税が課されます。

参考法令　通則法36、67、68③、119④

重加算税の賦課事例　～借用名義による給与等の分散支給～

他人名義や架空名義を使用して、給与等を数人に分散し、源泉徴収税額の納付を免れているケースが現実にあります。

雇用者側には、パート等の確保などといった事情もあるようですが、結果として源泉所得税の徴収と納付を怠っていたことになります。辻褄合わせに行う給与明細書や源泉徴収票の改ざんは「隠ぺい又は仮装」に当たりますので、その追徴税額に対して重加算税が課されます。

源泉所得税の推計課税

法人税において、帳簿等が無いなどのため申告所得金額が不明な場合には、税務署長がその会社の所得を推計して課税する「推計課税」制度が設けられています。しかし、源泉所得税にはこの制度の適用はなく、源泉徴収による課税が困難なケースが見受けられました。こうした問題を解消するため、会社（青色申告法人等を除きます。）が雇用する社員等について、社員ごとに従事期間、労務の性質、その提供の程度等により給与等の支払日や支払金額を推計して課税することができることとされました。さらに、この方法でも困難と認められる場合には、支払日を各月の末日とし、各社員に同額の給与を支払ったものとみなして、推計により所得税を徴収することができる旨の改正が行われました。

青色申告法人であったとしても、帳簿等が無いなど推計課税の要件に該当する場合には、税務署長は青色申告の承認の取消処分を行った上で推計課税を行うことになります。帳簿等が無いなどの事実は、青色申告の要件を欠くからです。

この推計課税は、給与等のほか退職手当等及び報酬・料金等や非居住者に対する支払の際の源泉徴収にも同様の措置が講じられ、令和３年１月１日以降に支払われるものから適用されます。（所法221）

Q 1－3　源泉徴収税額を誤って多く納付（過誤納）したとき

社員の給与について、源泉徴収をする際に計算を誤って多く徴収して納付してしまいました。どのように、訂正したらよいでしょうか。

A　**所轄税務署に過誤納額の還付請求をするか又は貴社がその後に支払う給与の源泉徴収税額から充当するか、いずれかの方法によります。**

1　過誤納額の還付請求

会社が、次の理由で源泉所得税を納め過ぎていた場合には、「源泉所得税及び復興特別所得税の誤納額還付請求書」に誤りが生じた事実を記載した帳簿書類（総勘定元帳の「預り金」勘定、当該誤納に係る納付書など）の写しを添付して所轄税務署に提出することにより、過誤納額の還付を受けることができます。

⑴　会社における源泉所得税額の計算誤りなどによるもの

⑵　誤払いなどにより支払額の返還を受けたことによるもの

⑶　支払額が条件付のものであったため返還を受けたことによるもの

2　過誤納額の充当

過誤納額が毎月発生する給与等に係るものであるときは、所轄税務署に、上記１の還付請求に代えて「源泉所得税及び復興特別所得税の誤納額充当届出書」に誤りが生じた事実を記載した帳簿書類の写しを添付して提出することにより、届出書を提出した日以後に納付すべきこととなる給与や賞与に対する源泉所得税の額からその過誤納額に相当する金額を控除（充当）することができます。なお、この充当が長期（おおむね３か月以上）にわたる場合には、上記１の還付請求をしてください。

参考法令　通則法56、所基通181～223共－６

第 2 章
給与所得の意義

❶ 給与所得の範囲

給与所得とは、役員や社員に支払う俸給や給料、賃金、賞与のほか、これらの性質を有するものをいい、一般には、雇用又はこれに類する原因に基づいて提供される労務の対価をいいます。

したがって、一般的な給与（いわゆる基本給）のほかに、残業（超過勤務）手当、休日出勤手当、職務手当や家族手当、住宅手当なども原則として給与所得となります。

ただし、手当であっても、通勤手当や宿日直手当などのように、一定の要件の下に非課税として取り扱われているものもあります。

また、給与は金銭で支払われるのが普通ですが、物などの現物で支給されるいわゆる現物給与も原則として給与所得となり、金銭に換算した額が源泉徴収の対象となります。

参考法令　所法28①

❷ 給与所得の収入すべき時期

給与所得の収入すべき時期は一般的には「支給日」ですが、次表のとおり、給与の内容等によりその時期が定められています。

この時期がいつかによって所得の帰属年分が判断され、源泉徴収税額の計算が異なったり、その年の年末調整に含めるかどうかという問題がでてきますので、会社としても確認しておく必要があります。

〈給与の収入すべき時期〉

<table>
<tr><th colspan="2">区　分</th><th>根　拠</th><th colspan="2">内　　容</th><th>収入すべき時期</th></tr>
<tr><td colspan="2" rowspan="2">一般の給与</td><td rowspan="2">契約、慣習、株主総会の決議等</td><td rowspan="2">支給日の定め</td><td>あり</td><td>支給日</td></tr>
<tr><td>なし</td><td>支給を受けた日</td></tr>
<tr><td rowspan="6">その他の給与</td><td rowspan="2">役員賞与</td><td rowspan="2">株主総会の決議等</td><td rowspan="2">支給金額の定め</td><td>あり</td><td>決議等があった日</td></tr>
<tr><td>総額のみ</td><td>各人ごとの支給金額が具体的に定められた日</td></tr>
<tr><td rowspan="2">給与改訂による新旧差額給与</td><td rowspan="2">給与規程</td><td rowspan="2">支給日の定め</td><td>あり</td><td>支給日</td></tr>
<tr><td>なし</td><td>改訂の効力が生じた日</td></tr>
<tr><td rowspan="2">現物給与
認定賞与</td><td rowspan="2">—</td><td rowspan="2">支給日の定め</td><td>あり</td><td>支給日</td></tr>
<tr><td>なし</td><td>支給を受けた日又は支給を受けた月の末日（不明確な場合は当該事業年度の終了の日）</td></tr>
</table>

参考法令　所法36①、所基通36－９、36－16

過去に遡及して支払う残業手当

労働基準監督署からの行政指導などにより、過去に遡って、本来支給すべき残業手当と実際に支払った残業手当の差額を一括して支払う例があります。

このようなケースでは、これらの差額は、本来の支給日に当然に支払われるべきものであったと認められますので、本来の支給日の属する年分の給与所得として源泉徴収税額の計算を行うことになります。

なお、給与規程等の改訂が過去に遡って実施されたことによる残業手当の差額の一括支給は、上表のとおり、支給日又は改訂の効力が生じた日の属する年分の給与所得となります。差額の一括支給は、給与規程等の改訂が原因となるからです。

Q 2-1　給与か外注費か

当社は、建設業を営んでおり、建設現場に従事する者を多数雇っています。これらの者に支払う報酬について、給与として源泉徴収すべきかどうか迷うことがあります。その判断基準などがあれば教えてください。

A　雇用契約に基づき支払うのであれば、給与として源泉徴収が必要ですが、請負契約に基づくものであればその必要はありません。

建設現場などで従事する者に対して支払う報酬が給与に当たるのか、それとも外注費になるのか、しばしば迷うケースがあるかと推察します。

以下、双方の課税関係を確認しつつ、これらを区分する判断基準等について説明します。

1　給与と外注費の課税関係

支払う報酬が、給与か、外注費かで、支払う会社及び支払を受ける個人の課税関係や社会保険料の取扱いなどが次の表のとおり大きく異なります。また、会社の事務負担や資金繰りなどにも影響してきます。

なお、外注費の場合、支払を受ける個人の所得は、一般的には事業所得となります。

〈給与と外注費の課税関係〉

区　分	個人の所得税	社会保険料	消費税
給　与	給与所得　会社が源泉徴収	会社納付（会社負担あり）	不課税
外注費	事業所得　本人が確定申告	本人納付（会社負担なし）	課　税

2　給与（雇用）と外注費（請負）の区分

給与か外注費かで、上記１に掲げたとおり、会社の源泉徴収や消費税、個人の所得税などの課税関係及び社会保険料の手続等が大きく異なります。したがって、いずれに該当するかの判断は極めて重要となります。

一般的には、給与は雇用契約に基づくもの、これに対して、外注費の場合、支給を受ける方では請負契約に基づく事業所得となります。契約書などで両者の区別が明らかな場合は特に問題はないのですが、業種・業態によってはお尋ねのようなケースがしばしば発生します。

両者の区別が明らかでない場合は、次表に加え、報酬の決め方や支払方、社会保険料の負担状況などを総合勘案して判断することになります。実務的には、働き方の実態を一番よく知っている会社がこれらを基に判断することになります。

〈給与（雇用）と外注費（請負）の区分の判定要素〉

項　目	判定要素	判　定	区　分
代替性の有無	当該契約の内容が他人の代替性をいれるかどうか	他人の代替性をいれない	給　与
		他人の代替性をいれる	外注費
指揮監督の有無	仕事の遂行に当たり個々の作業について指揮監督を受けるかどうか	指揮監督を受ける	給　与
		指揮監督を受けない	外注費
材料等提供の有無	材料や作業用具、備品等の供与・提供の状況	提供を受けている	給　与
		提供を受けていない	外注費
報酬請求権の有無	完成品（引渡し未了）が不可抗力により滅失した場合、報酬の請求をすることができるか（危険負担）	請求権がある	給　与
		請求権がない	外注費

【参考】　昭和56年４月24日最高裁判決要旨

事業所得　自己の計算と危険において独立して営まれ、営利性、有償性を有し、かつ反復継続して遂行する意思と社会的地位とが客観的に認められる業務から生ずる所得

給与所得　雇用契約又はこれに類する原因に基づき使用者の指揮命令に服して提供した労務の対価として使用者から受ける給付。なお、給与所得については、とりわけ、給与支給者との関係において何らかの空間的、時間的な拘束を受け、継続的ないし断続的に労務又は役務の提供があり、その対価として支給されるものであるかどうかが重視されなければならない。

参考法令　所法27①、28①

第3章
給与所得の課税の仕組み

所得税では、自らが申告と納付を行う「申告納税制度」を採用しています。しかしながら、事業所得など10種類ある所得のうち給与所得については、①給与所得者は一般的には給与のほかに所得のない場合が多いこと、②給与の支払者により税額確定の要請に応えられることなどから、源泉徴収制度の下で、会社が給与支払時に前もって税額を源泉徴収して、年末調整時に年間の税額の過不足を精算することにより、社員などが申告納税をする手数を省くこととしています。

これらの一連の手続を行う源泉徴収義務者である会社は、毎月の源泉徴収や年末調整を行う前提として、給与所得について税額が算出されるまでの以下の課税の仕組みを理解しておくことが必要になります。

(1)　所得金額（課税標準）

給与等の収入金額－給与所得控除額

(2)　課税所得

所得金額－所得控除の額

(3)　(2)に対する税額

課税所得×税率　（課税所得金額に応じて税率が定められています。）

(4)　その年分の所得税額

(3)の税額－税額控除の額

※令和19年分までの所得については、この所得税額に復興特別所得税の税率2.1%を乗じた額を加算した税額となります。

社員などの給与所得に対する課税は、これらの内容に沿った形で、会社による毎月の源泉徴収や年末調整を通じて行われることになります。

参考法令　所法28

❶ 給与所得控除

１　原　　　　則

個人事業者の所得は、収入金額から必要経費の額を差し引いて求めることとなります。一方、給与所得については、事業所得における必要経費の概念をそのまま用いることは困難なため、これに代えて概算経費ともいえる「給与所得控除額」が定められています。

つまり、給与所得は、給与等の収入金額から給与所得控除額を差し引いた額が課税標準（所得金額）となります。この給与所得控除額は、給与等の収入金額に応じて、55万円から最大195万円までとなっています。

〈給与所得控除額の算式〉

給与等の収入金額	給与所得控除額
162万5,000円以下	55万円
162万5,000円超180万円以下	収入金額×40％－10万円
180万円超360万円以下	収入金額×30％＋8万円
360万円超660万円以下	収入金額×20％＋44万円
660万円超850万円以下	収入金額×10％＋110万円
850万円超	195万円

（注）　給与収入金額660万円未満の場合、上表にはよらずに、「年末調整等のための給与所得控除後の給与等の金額の表」（巻末＜参考資料>3参照）により給与所得金額を求めることになります。

毎月の源泉徴収税額を計算する際に使用する「税額表」には、給与所得控除額の相当額が織り込み済みですので、税額算出に当たって考慮する必要はありません。

2　特定支出控除

次に掲げる特定支出の額が、給与所得控除額の1/2を超える場合には、給与等の収入金額から給与所得控除額と特定支出の控除額（次の算式参照）との合計額を控除した金額を給与所得金額とすることができます。

この特定支出控除の適用を受けるためには社員自身の確定申告が必要となりますが、その際、「給与所得者の特定支出に関する明細書」とともに、給与支払者である会社の証明書の添付が求められています。

特定支出の控除額の算式

特定支出の控除額＝特定支出の合計額－(給与所得控除額×1/2)

〔特定支出（社員が負担した額に限ります。)〕

①　通勤費用（交通機関又は自家用車などの使用のための費用）

②　職務遂行に直接必要な出張費用

③　転任に伴う転居費用

④　職務遂行に直接必要な技術や知識を習得するための研修等費用

⑤　職務遂行に直接必要な資格取得費用（弁護士、公認会計士、税理士などの資格取得費も含みます。)

⑥　転任に伴う単身赴任者の帰宅旅費

⑦　図書費、衣服費、交際費等の勤務必要経費（65万円を限度）

【令和２年分からの改正～特定支出の範囲の拡大～】

1　職務遂行に直接必要な旅費等で通常要する支出が加えられました（上記②)。

2　上記⑥について、単身赴任者の帰宅旅費に係る制限が撤廃され、燃料費、有料道路料金も対象となります。

３　所得金額調整控除

給与等の年収が850万円を超える者で、次のいずれかの事実がある場合には、給与等の収入金額（1,000万円を限度とします。）から850万円を控除した金額の100分の10に相当する金額（最高15万円）が、給与所得の金額から控除されます。巻頭のトピックス（税制改正）の❸と併せてご活用ください。

①　本人が特別障害者に該当する

②　年齢23歳未満の扶養親族（扶養控除の対象とならない16歳未満の者を含みます。）を有する

③　特別障害者である同一生計配偶者若しくは扶養親族を有する

この控除の適用を年末調整で受ける場合には、その際に、会社に「所得金額調整控除申告書」（兼用様式）を提出する必要があります。

また、上記の①～③の要件に該当する者が、他に年金所得を有する場合であっても、一定の額について所得金額調整控除を受けることができます。

参考法令　所法28③④、57の２、所令167の３、措法41の３の３

❷ 所得控除と税額控除

所得税では、納税者の税負担能力や社会政策の要請などに配慮し、各種の控除制度が設けられています。この控除には、各人の所得金額から控除する「所得控除」と、所得税額から控除する「税額控除」の２種類があります。

これらの控除には、源泉徴収の段階で税額計算に反映されるものと、確定申告によってのみ控除されるものとがあります。これらの控除の種類は、次表のとおりです。

〈給与所得と各種控除〉

<table>
<tr><th colspan="3" rowspan="2">控除の種類</th><th colspan="2">源泉徴収の段階で控除されるもの</th><th rowspan="2">確定申告によってのみ控除されるもの</th></tr>
<tr><th>毎　月</th><th>年末調整</th></tr>
<tr><td rowspan="6">所得控除</td><td rowspan="2">社会保険料控除
小規模企業共済等掛金控除</td><td>給与から控除したもの</td><td>○</td><td>○</td><td></td></tr>
<tr><td>本人が直接支払ったもの</td><td rowspan="2"></td><td rowspan="2">○</td><td rowspan="2"></td></tr>
<tr><td colspan="2">生命保険料控除、地震保険料控除</td></tr>
<tr><td colspan="2">障害者控除
ひとり親控除、寡婦控除、勤労学生控除
配偶者（特別）控除（源泉控除対象配偶者）
扶養控除</td><td>○</td><td>○</td><td></td></tr>
<tr><td colspan="2">基礎控除</td><td>○</td><td>○</td><td></td></tr>
<tr><td colspan="2">雑損控除、医療費控除、寄附金控除</td><td></td><td></td><td>○</td></tr>
<tr><td rowspan="3">税額控除</td><td rowspan="2">（特定増改築等）住宅借入金等特別控除</td><td>初年度</td><td></td><td></td><td>○</td></tr>
<tr><td>2年目以降</td><td></td><td>○</td><td></td></tr>
<tr><td colspan="2">配当控除、外国税額控除、寄附金特別控除、住宅耐震改修特別控除など</td><td></td><td></td><td>○</td></tr>
</table>

（注）　毎月の源泉徴収で反映された各種控除は、最終的には年末調整で精算することになります。

1　所 得 控 除

毎月の源泉徴収及び年末調整を通じて控除される所得控除は、次の（１）から（10）のとおりです。

【所得控除の意義】

現行の所得控除制度は、納税者の個人的事情への配慮や、政策的要請を根拠として10数種類あり、大別すると、以下のとおりです。

1　人的控除

所得税は、担税力つまり税金を負担する能力に応じた課税を理念の一つに掲げており、その代表的なものが人的控除です。

(1)　基礎的な人的控除……基礎控除、配偶者控除、扶養控除など

課税対象から個人の生活に最低必要な費用を除く、という趣旨です。生活費や教育費がかさむ老人や学生の扶養親族等には割増控除額が認められています。一方、担税力に配慮する必要のない高所得者に対する基礎控除や配偶者控除について、控除額の縮小や廃止などの改正が相次いで行われています。

(2)　特別な人的控除……障害者控除、ひとり親控除など

上記(1)に加え、個人の生活上の特別の事情に配慮した控除です。

2　その他の控除

担税力への配慮（雑損控除、医療費控除など）とともに、政策的要請（生命保険料控除、寄付金控除など）に基づく控除です。

このように、所得控除は多種多様なものとなっていますが、控除対象や控除金額などは、財源確保と政策的要請の両面から、税制改正のターゲットになりやすい制度です。今般のような年末調整に大きく影響する改正も、この流れの一つと考えてよいでしょう。

〈源泉徴収の際に控除される所得控除額一覧（令和２年分）〉

NO.	所得控除の種類	区分		控除額		参考法令
(1)	社会保険料控除	給与から控除したもの		控除した全額		所法74
		本人が直接支払ったもの		支払った全額		
(2)	小規模企業共済等掛金控除	給与から控除したもの		控除した全額		所法75
		本人が直接支払ったもの		支払った全額		
(3)	生命保険料控除	一般の生命保険料	新生命保険料	最高40,000円	適用限度額12万円	所法76
			旧生命保険料	〃 50,000円		
			新旧両方の生命保険料	〃 40,000円		
		介護医療保険料		〃 40,000円		
		個人年金保険料	新個人年金保険料	〃 40,000円		
			旧個人年金保険料	〃 50,000円		
			新旧両方の個人年金保険料	〃 40,000円		
(4)	地震保険料控除	地震保険料だけの場合		〃 50,000円		所法77
		旧長期損害保険料だけの場合		〃 15,000円		
		地震・旧長期損害保険料の両方がある場合		〃 50,000円		
(5)	障害者控除	一般の障害者		270,000円		所法79
		特別障害者		400,000円		
		同居特別障害者		750,000円		
(6)	寡婦控除			270,000円		所法80
	ひとり親控除			350,000円		所法81
(7)	勤労学生控除			270,000円		所法82
(8)	配偶者控除	一般の控除対象配偶者		最高380,000円	(注1)	所法83
		老人控除対象配偶者		〃 480,000円		
	配偶者特別控除			〃 380,000円		所法83の2
(9)	扶養控除	一般の控除対象扶養親族		380,000円		所法84 措法41の16
		特定扶養親族		630,000円		
		年少扶養親族		0円		
		老人扶養親族	同居老親等以外の者	480,000円		
			同居老親等	580,000円		
(10)	基礎控除			最高480,000円（注2）		所法86

（注１）　下記（８）「配偶者（特別）控除額」の表を参照してください。
（注２）　下記（10）「基礎控除額」の表を参照してください。

（１）　社会保険料控除

社員本人又はその生計を一にする配偶者や親族の負担すべき社会保険料を給与から控除された場合や支払った場合には、その全額が所得から控除されます。

ここにいう社会保険料とは、次に掲げるものをいいます。

〔一般的な会社の社員に適用される主なもの〕

イ　健康保険、雇用保険、国民年金、厚生年金保険などの保険料で被保険者として負担するもの

ロ　国民健康保険の保険料又は国民健康保険税

ハ　介護保険法の規定による介護保険の保険料

（２）　小規模企業共済等掛金控除

社員が小規模企業共済等掛金を給与から控除された場合や支払った場合には、その年中に支払った掛金の全額が所得から控除されます。

ここにいう小規模企業共済等掛金とは、次に掲げる掛金をいいます。

〔掛金の主なもの〕

イ　小規模企業共済契約に基づく掛金

ロ　確定拠出年金法に基づく企業型年金の加入者掛金

ハ　確定拠出年金法に基づく個人型年金の加入者掛金

（３）　生命保険料控除

社員が、次のイからハの生命保険契約等に基づく保険料等を支払った場合には、47ページの表により計算した一般の生命保険料、介護医療保険料及び個人年金保険料の各控除額の合計額（最高12万円を限度）が、生命保険料控除として所得から控除されます。

イ　一般の生命保険料

保険金等の受取人の全てが社員本人又はその配偶者や親族となっ

ている生存又は死亡に基因する保険金等を支払事由とする生命保険契約等に基づいて支払った保険料等です。

ロ　介護医療保険料

保険金等の受取人の全てが社員本人又はその配偶者や親族となっている疾病又は身体の障害等に基因する保険金等を支払事由とする保険契約等に基づいて支払った保険料等です。

ハ　個人年金保険料

年金を給付する定めのある一定の生命保険契約等（退職年金を給付する定めのあるものは除かれます。）に基づいて支払った保険料等です。

保険料等の種別や新保険か旧保険かについては、保険会社等から社員に交付される生命保険料控除証明書等に表示されていますので、基本的にはこの表示に基づいて計算します。

〈生命保険料控除額の計算〉

<table>
<tr><th colspan="2" rowspan="2">保険料等</th><th colspan="5">控除額の計算</th><th rowspan="3">生命保険料控除額</th></tr>
<tr><th colspan="3">区分別</th><th colspan="2">種別</th></tr>
<tr><th>種別</th><th>区分</th><th colspan="2">年間の支払保険料等</th><th>左に対応する控除額</th><th colspan="2">控除額</th></tr>
<tr><td rowspan="9">一般の生命保険料</td><td rowspan="4">新生命保険料</td><td rowspan="4">①</td><td>20,000円以下</td><td>支払金額</td><td rowspan="9">A</td><td rowspan="9">①、②、③のうち最も大きい金額</td><td rowspan="13">A＋B＋C（最高12万円）</td></tr>
<tr><td>20,001円～40,000円まで</td><td>支払金額/2＋10,000円</td></tr>
<tr><td>40,001円～80,000円まで</td><td>支払金額/4＋20,000円</td></tr>
<tr><td>80,001円以上</td><td>一律40,000円</td></tr>
<tr><td rowspan="4">旧生命保険料</td><td rowspan="4">②</td><td>25,000円以下</td><td>支払金額</td></tr>
<tr><td>25,001円～50,000円まで</td><td>支払金額/2＋12,500円</td></tr>
<tr><td>50,001円～100,000円まで</td><td>支払金額/4＋25,000円</td></tr>
<tr><td>100,001円以上</td><td>一律50,000円</td></tr>
<tr><td>新旧両方の生命保険料</td><td>③</td><td colspan="2">①＋②（最高4万円）</td></tr>
<tr><td colspan="2">介護医療保険料</td><td>④</td><td colspan="2">①により求めた金額</td><td>B</td><td>④の金額</td></tr>
<tr><td rowspan="3">個人年金保険料</td><td>新個人年金保険料</td><td>⑤</td><td colspan="2">①により求めた金額</td><td rowspan="3">C</td><td rowspan="3">⑤、⑥、⑦のうち最も大きい金額</td></tr>
<tr><td>旧個人年金保険料</td><td>⑥</td><td colspan="2">②により求めた金額</td></tr>
<tr><td>新旧両方の個人年金保険料</td><td>⑦</td><td colspan="2">⑤＋⑥（最高4万円）</td></tr>
</table>

（注）1　新生命保険料及び新個人年金保険料とは平成24年1月1日以後に締結した保険契約等に係る保険料等、旧生命保険料及び旧個人年金保険料とは平成23年12月31日以前に締結した保険契約等に係る保険料等をいいます。

2　支払保険料等とは、年間の支払保険料等からその年に受けた剰余金や割戻金を差し引いた後の金額をいいます。

（4） 地震保険料控除

社員が、次のイ及びロの保険料等を支払った場合には、次表により計算した額（最高５万円を限度）が地震保険料控除として所得から控除されます。

イ　地震保険料

社員本人又は生計を一にする配偶者や親族の所有する家屋・家財のうち一定のものを保険や共済の目的とし、かつ、地震等損害によりこれらの資産について生じた損失の額を塡補する保険金又は共済金が支払われる損害保険契約等に係る保険料等です。

ロ　旧長期損害保険料【経過措置】

平成18年の税制改正で損害保険料控除が廃止され、地震保険料控除が創設されました。この廃止された損害保険料控除の対象のうち、社員が平成18年12月31日までに締結した長期損害保険契約等（以下、「旧長期損害保険」といいます。）に係る保険料等です。

なお、いずれの保険料に該当するかについては、保険会社等から社員に交付される地震保険料控除証明書等に表示されていますので、基本的にはこの表示に基づいて計算します。

〈地震保険料控除額の計算〉

種　　別	年間の支払保険料等	地震保険料控除額	
地震保険料	50,000円まで	支払金額	A
	50,001円以上	50,000円	
旧長期損害保険料	10,000円まで	支払金額	B
	10,001円～20,000円まで	支払金額/2＋5,000円	
	20,001円以上	15,000円	
上記の両方がある場合	（種別に上記計算）	A＋B（最高5万円）	

（注）　一の損害保険契約等に基づき、地震保険料と旧長期損害保険料の両方を支払っている場合は、選択によりいずれか一方のみの控除を受けることになります。

コラム

生命保険料控除額等の有利な計算

生命保険料や地震保険料の控除額は、支払金額の全額が控除されるわけではなく、支払金額に応じて控除限度額が定められています。複数の保険料を支払っている場合には、その全てについて計算するよりは、一部を除いて計算した方が社員にとって有利な場合があります。

例えば　年間の支払保険料等の額が

一般の生命保険料	（新生命保険）	120,000円
〃	（旧生命保険）	120,000円

の場合、双方ともに計算しますと４万円の控除しか受けられませんが、旧生命保険のみを対象とすることで５万円の控除額が受けられます。

地震保険料控除についても、一の損害保険契約等に基づき、地震保険料と旧損害保険料の両方を支払っている場合は、どちらか一方の控除を受けることとされていますが、いずれを選択するかにより控除額が異なります。

例えば　一の損害保険契約に基づく支払保険料の額が

地震保険料	10,000円
旧長期損害保険料	17,000円

の場合、計算過程は省略しますが、地震保険料の控除額は支払額の10,000円、旧長期損害保険料の控除額は13,500円となり、旧長期損害保険料を選択した方が有利となります。

このように、控除の対象となる複数の保険料を支払っている場合、有利な計算方法を選択することができます。

（５） 障害者控除

社員本人又は社員の同一生計配偶者（下記(８)の表「配偶者の定義」参照）や扶養親族（下記(９)の表参照）が一般の障害者や特別障害者に該当する場合には、次の金額が所得から控除されます。

〈障害者控除の内容と控除額〉

区　分	内　容	控除額
一般の障害者	特別障害者以外の障害者	27万円
特別障害者	下記【特別障害者】に該当する障害者	40万円
同居特別障害者	社員、その配偶者、生計を一にする親族のいずれかとの同居を常況としている特別障害者に該当する同一生計配偶者又は扶養親族	75万円

【特別障害者】

区　分	判定・認定する機関、交付手帳等	特別障害者に該当する人
精神上の障害	——	その障害により事理を弁識する能力を欠く常況にある人
知的障害者	児童相談所、知的障害者更生相談所、精神保健福祉センター、精神保健指定医	重度の知的障害者と判定された人
精神障害者	精神障害者保健福祉手帳	左記手帳に１級と記載されている人
身体障害者	身体障害者手帳	左記手帳に１級又は２級と記載されている人
戦傷病者	戦傷病者手帳	左記手帳に恩給法別表第１号表ノ２の特別項症から第三項症までである者の旨記載されている人
原子爆弾被爆者	厚生労働大臣	左記の認定を受けている人
要介護者	——	常に就床を要し、複雑な介護を要する人
年齢65歳以上で障害のある者	町村長、福祉事務所長など	障害の程度が上記重度の障害者等に準ずるものとして認定を受けている人

（６）ひとり親控除、寡婦控除

①　ひとり親控除

社員本人がひとり親（現に婚姻をしていない者又は配偶者の生死の明らかでない者のうち、次に掲げる要件を満たす者をいいます。）である場合には、「ひとり親控除」として35万円が所得から控除されます。

イ　生計を一にする子（所得金額48万円超の者を除きます。）を有すること

ロ　合計所得金額が500 万円（給与収入6,777,778円）以下であること

ハ　事実上婚姻関係と同様の事情（いわゆる事実婚）にあると認められる者がいないこと（住民票の続柄に「夫（未届）」「妻（未届）」の記載がないこと）

②　寡婦控除

上記①のひとり親に該当しない者で、寡婦（夫と死別後婚姻していない者、夫と離婚後婚姻していない者で扶養親族のある者、夫の生死が明らかでない者で、次に掲げる要件を満たす者をいいます。）である場合には、「寡婦控除」として27万円が所得から控除されます。

イ　合計所得金額が500 万円（給与収入6,777,778円）以下であること

ロ　事実上婚姻関係（いわゆる事実婚）と同様の事情にあると認められる者がいないこと（住民票の続柄に「夫（未届）」「妻（未届）」の記載がないこと）

（7） 勤労学生控除

社員本人が次の要件のいずれをも満たす勤労学生に該当する場合には、27万円が所得から控除されます。

〈勤労学生控除の要件〉

要件	内容等
右に掲げる学校等の学生、生徒、児童又は訓練生であること	①学校教育法に規定する大学、高等専門学校等 ②国、地方公共団体等が定める基準を満たす専修学校や各種学校 ③認定職業訓練を行う職業訓練法人
勤労に基づく給与所得等（事業、給与、退職又は雑の各所得）がある人で、これらの合計所得金額が75万円以下で、かつ、給与所得等以外の所得の金額が10万円以下であること	所得が給与所得だけの場合には、その年中の給与の収入金額が130万円以下であれば、合計所得金額が75万円以下となります。

（8） 配偶者（特別）控除

平成29年度税制改正により、配偶者控除及び配偶者特別控除の大幅な見直しが行われ、平成30年分の所得税から適用されています。

社員の配偶者（生計を一にする場合に限ります。）の所得が年間133万円（給与収入額2,015,999円）以下である場合は、社員及びその配偶者の所得金額に応じ、次表の金額が社員の所得から控除されます。

社員の所得が1,000万円（給与収入額1,195万円）を超える場合には、この控除を適用することができません。

このうち、源泉控除対象配偶者（次表の太枠内）に該当する場合は毎月の源泉徴収の際にも控除され、最終的には年末調整で精算されます。

夫婦の双方がお互いに配偶者特別控除の適用を受けることはできませんので、いずれか一方の配偶者は、この控除の対象とはなりません。

〈配偶者（特別）控除額〉

（単位：万円）

社員(所得者)	社員の配偶者										
合計所得金額(給与収入額)	~48(~103)	~95(~150)	~100(~155)	~105(~160)	~110(166.8未満)	~115(175.2未満)	~120(183.2未満)	~125(190.4未満)	~130(197.2未満)	~133(201.6未満)	133超(201.6以上)
	配偶者控除額	配偶者特別控除額									
~900(~1,095)	38(48)	38	36	31	26	21	16	11	6	3	適用なし
~950(~1,145)	26(32)	26	24	21	18	14	11	8	4	2	
~1,000(~1,195)	13(16)	13	12	11	9	7	6	4	2	1	
1,000超(1,195超)	適用なし										

（注）　配偶者控除額欄のカッコ内数字は、老人控除対象配偶者の控除額です。配偶者特別控除額には、老人の加算額はありません。

〈配偶者の定義〉

区　　分	内　　容
同一生計配偶者	社員等と生計を一にする配偶者のうち、合計所得金額が48万円（給与収入額103万円）以下の者
控除対象配偶者	上記のうち、合計所得金額が1,000万円（給与収入額1,195万円）以下である社員等の配偶者
源泉控除対象配偶者	合計所得金額が900万円（給与収入額1,095万円）以下である社員等と生計を一にする配偶者のうち、合計所得金額が95万円（給与収入額150万円）以下である者

〈配偶者の区分（イメージ図）〉

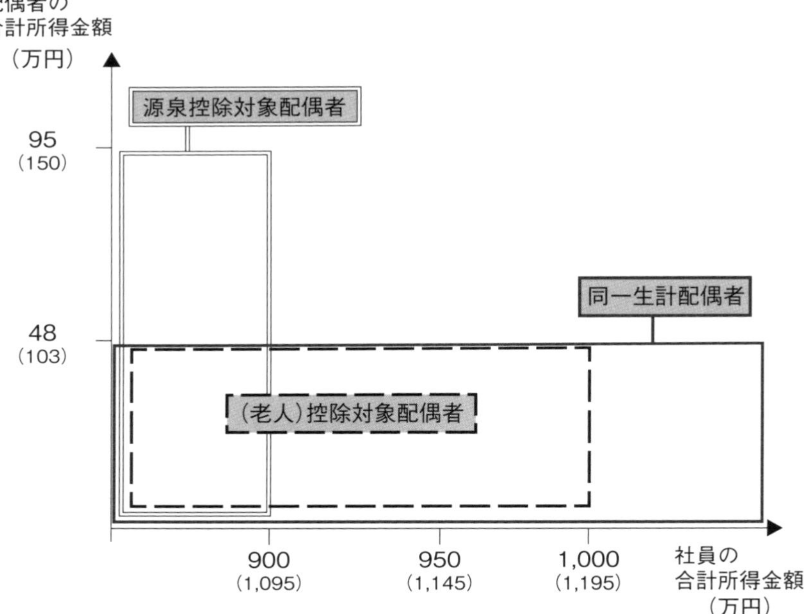

（注）縦軸及び横軸の（　　）内の数値は、合計所得金額に相当する給与収入額を示しています。

コラム

「生計を一にする」とは

配偶者控除や扶養控除の適用要件の一つに「生計を一にする」というのがありますが、これは、必ずしも同居しているということではありません。

例えば、親族のうちのだれかが、勤務や修学、療養などのために、ほかの親族と日常一緒に生活していない場合でも、余暇には家に帰ってくるとか、常に生活費や学資金、療養費等が送金されているときは、生計を一にしていることになります。

なお、親族が同一の家屋で生活している場合には、明らかに互いに独立した生活を営んでいると認められる場合を除き、これらの親族は生計を一にするものとして取り扱われます。

「生計を一にする」かどうかは、以上のことを理解した上で、状況を最もよく知る社員自身が判断することになります。

「収入金額」と「所得金額」の違い

本書では、しばしば所得金額（単に「所得」又は「合計所得金額」と表現している場合もあります。）という用語を使用しています。各種控除を受けられるかどうかの所得制限や、各種特例を適用する場合の所得要件は、一般的には、収入金額ではなく所得金額によっています。

収入金額は、受け取るべき総額（給与所得者の場合、源泉徴収票の「支払金額」欄に記載された金額が収入金額に当たります。）、所得金額はそこから経費等を差し引いた後の額、というイメージです。

所得金額の計算は、所得の種類やそれらの課税の方法などにより種々異なりますが、一般的な収入に係る所得金額の算出方法を次表に掲げましたので、参考にしてください。所得種類が複数ある場合には、これらを合計したものを「合計所得金額」といいます。

所得種類		所得金額
給与所得		収入金額－給与所得控除額 ※巻末の「年末調整等のための給与所得控除後の給与等の金額の表」の給与等の金額に対応する「給与所得控除後の給与等の金額」が、給与所得者の所得金額となります。
事業所得		収入金額－必要経費
雑所得	公的年金等	収入金額－公的年金等控除額
	上記以外 （原稿料、講演料等）	収入金額－必要経費

例えば、配偶者控除を受けることができる「合計所得金額が48万円以下」とは、給与所得だけの場合はその年間収入金額が103万円以下です。

配偶者特別控除の拡大

配偶者特別控除の対象となる配偶者の所得制限は、平成29年分までは給与収入額で141万円未満でしたが、税制改正により、平成30年分からはその額が201.6万円未満に引き上げられました。これに伴い、配偶者の給与収入が平成29年と同水準であったとしても、平成30年分以降は控除を受けられる場合もありますので、十分確認する必要があります。

例えば、配偶者の年間給与収入額が180万円としますと、平成29年分では控除できませんでしたが、令和２年分は16万円の控除（社員の給与収入額が1,095万円以下の場合）が受けられます。

（９） 扶養控除

社員に控除対象扶養親族に該当する人がいる場合には、次の表の金額が所得から控除されます。

〈扶養親族の定義と控除額〉

扶養親族		社員と生計を一にする6親等内の血族及び3親等内の姻族等で、合計所得金額が48万円以下の人	控除額（円）
区分	①控除対象扶養親族	扶養親族のうち、年齢16歳以上の人	380,000
	②特定扶養親族	①のうち、年齢19歳以上23歳未満の人	630,000
	③年少扶養親族	扶養親族のうち、年齢16歳未満の人	0
	④老人扶養親族	①のうち、年齢70歳以上の人	480,000
	⑤同居老親等	④のうち、社員又はその配偶者の直系尊属（父母、祖父母など）で社員又はその配偶者との同居を常況としている人	580,000

【令和５年分からの改正】

扶養控除の対象となる扶養親族の範囲から、年齢30歳以上70歳未満の非居住者（国外居住者）であって次に掲げる者以外は除外されます。

イ　留学により国内に住所及び居所を有しなくなった者

ロ　障害者

ハ　扶養控除の適用を受ける社員等から生活費や教育費として年額38万円以上を受けている者

※　社員が、上記扶養控除の適用を受ける場合には、その裏付けとなる確認書類等を会社に提出する必要があります。

(10)　基礎控除

合計所得金額が2,500万円（給与収入2,695万円）以下である社員については、次表の金額が所得から控除されます。

従来は全ての者について一律38万円の控除を受けることができましたが、令和２年分から改正されました。巻頭のトピックス（税制改正）の❷と併せてご活用ください。

社員がこの控除の適用を年末調整で受ける場合には、その際に、会社に「基礎控除申告書」（兼用様式）を提出する必要があります。

〈基礎控除額〉

合計所得金額	給与収入の額	控除額
2,400万円以下	2,595万円以下	48万円
2,400万円超　2,450万円以下	2,595万円超　2,645万円以下	32万円
2,450万円超　2,500万円以下	2.645万円超　2,695万円以下	16万円
2,500万円超	2,695万円超	0　円

コラム

103万円の壁

配偶者がパートタイマーなどとして勤務する場合、その給与収入が103万円を超えると、①その夫又は妻が38万円の配偶者控除が受けられなくなること、②配偶者自身に所得税がかかること（世帯の手取り収入の逆転現象など）から、就業時間を調整して、103万円以内に調整する傾向がみられ、これがいわゆる「103万円の壁」といわれてきました。

その後、配偶者（特別）控除の段階的な見直しが行われ、この壁はなだらかなものとなり、配偶者における103万円の壁はほぼ解消されています（本章❷（８）「配偶者（特別）控除額」の表参照）。

むしろ、主たる所得者の社会保険上の扶養から外れ、パートタイマーである配偶者等自身で社会保険料を支払うこととなる壁などの方が、手取額に与える影響が大きくなっています。

次表に、パートタイマー本人の手取額やその夫又は妻に与える手取額から見た税金や社会保険料の負担に関して、主な壁をまとめて掲げましたので、参考にしてください。

税金等の負担額は、それぞれの事情や状況によって、一律的には算出できませんので、あくまでも目安として活用してください。

パートタイマーとしての働き方を判断する場合は、単なる手取り金額の多寡だけによるのではなく、会社が半額負担してくれる社会保険に加入することによって、将来、厚生年金を受給できるなどのメリットも十分考慮に入れつつ、多角的に検討することが求められます。

〈パート収入の手取額に影響する税金・社会保険料等の目安〉

<table>
<tr><th colspan="3">パート年収</th><th>100万円以下</th><th>~103万円</th><th>~106万円</th><th>~130万円</th><th>~150万円</th><th>150万円超</th><th>給与年収200万円以下の場合の負担額等</th></tr>
<tr><td rowspan="4">本人</td><td colspan="2">所得税</td><td colspan="2">かからない</td><td colspan="4">かかる</td><td>所得金額の5%</td></tr>
<tr><td colspan="2">住民税</td><td>かからない</td><td colspan="5">かかる</td><td>所得金額の10%</td></tr>
<tr><td rowspan="2">社会保険料</td><td>大規模事業所勤務</td><td colspan="3">かからない</td><td colspan="3">かかる</td><td rowspan="2">年収120万円(月収10万円)のとき：年約17万円
年収180万円(月収15万円)のとき：年約26万円</td></tr>
<tr><td>上記以外</td><td colspan="4">かからない</td><td colspan="2">かかる</td></tr>
<tr><td>夫又は妻</td><td colspan="2">配偶者（特別）控除</td><td colspan="5">最高額（38万円）が受けられる</td><td>額が逓減(201.6万円以上で控除打切り)</td><td>夫又は妻の収入額により、控除額が減額されたり、受けられない場合もあります。</td></tr>
</table>

(注) 1　大規模事業所とは、社員数が500人超の事業所をいいます。
2　所得税及び住民税は、扶養親族等がいない場合を想定しています。なお、住民税は自治体によって異なる場合があります。
3　社会保険料は、都道府県ごとに保険料率などが異なります。

【参考】パート先での社会保険加入義務

勤務先での社会保険の加入義務は、収入金額の多寡ではなく、(大規模事業所以外では）原則として、一般社員の４分の３以上の労働時間又は労働日数が基準となります。

【「103万円の壁」の具体的内容】

①　(給与収入）103万円－(給与所得控除額）55万円
＝（所得金額）48万円

⇒配偶者控除、扶養控除の「所得金額が48万円以下」の要件に該当し、社員はそれぞれの控除を受けることができます。

控除額は、本章❷「所得控除と税額控除」を参照してください。

なお、配偶者については、給与収入が201.6万円未満までは、金額は逓減するものの配偶者特別控除を受けることができます。

②　(所得金額）48万円－(基礎控除額）48万円＝（課税所得）０円

⇒課税所得が０円ですので、配偶者や扶養親族自身に所得税はかかりません。なお、住民税は、給与収入が100万円超からかかります。

２　税　額　控　除

給与所得者が年末調整の段階で控除を受けることができる税額控除は、「(特定増改築等）住宅借入金等特別控除」に限られています。

現行のこの制度の控除期間は10年間（令和元年10月１日（消費税率の引上げ）から令和２年12月31日までの間に居住の用に供した場合には13年間）ですが、給与所得者の場合は、控除を受ける最初の年分については確定申告により、２年目以降、年末調整の際に控除を受けることができます。

なお、控除を受ける社員の所得が3,000万円（給与収入3,195万円）を超える年分及び転居等により12月末現在で住まなくなった年分については、この控除を受けることはできません。

年末調整の際に住宅借入金等特別控除を受けるための手続

年末調整の際に住宅借入金等特別控除を受ける場合には、年末調整の時までに、「給与所得者の（特定増改築等）住宅借入金等特別控除申告書」に次の証明書を添付して会社あてに提出する必要があります。

イ「年末調整のための（特定増改築等）住宅借入金等特別控除証明書」

この証明書（上記申告書と同一様式です。）は、適用初年度において、この書類の交付を要する旨表示して確定申告をすることにより、その情報が印字された２年目以降の年分がまとめて税務署から本人あてに送付されます。年末調整の際には、この該当年分の証明書を会社へ提出します。

ロ「住宅取得資金に係る借入金の年末残高等証明書」

年末の適宜の時期に、金融機関等から本人あてに送付されます。

会社の命令により転勤した場合の住宅借入金等特別控除

イ　単身赴任した場合

生計を一にする配偶者や親族が引き続き居住している場合は、たとえ社員本人が居住していなくとも、この控除が受けられます。

ロ　家族ごと転居した場合

この場合は、本人及び家族とも居住していないわけですから、これらの年分の控除は受けられません。

ただし、会社の転勤命令が解け、この住居に復帰するような場合には、転勤で住居を移転する前までに、社員が所轄税務署に一定の手続をすることにより、復帰以後の残りの控除期間について、この控除の適用を受けることができます。

第 4 章
給与の源泉徴収事務

〔第１節〕　源泉徴収事務の流れ

❶　源泉徴収事務の年間スケジュール

給与の標準的な源泉徴収事務手続の年間スケジュール（13か月サイクル）については、次表のとおりです。

事務手続の詳細については、❷以降を参照してください。

1　毎月の給与

期限		事務手続	関係先		(参考) 住民税（特別徴収）
月	日		税務署	社員等	
毎月	10	前月分源泉所得税の納付	○		前月分の納付
	支給日まで	源泉徴収税額の計算			
	支給日	源泉徴収簿への記録、支払明細書の交付		○	
1	支給日の前日まで	扶養控除等申告書の提出		○	
5	31				6月分以降の特別徴収税額の通知
6	10				【納期の特例適用者】 前年12月～5月分の納付
7	10	【納期の特例適用者】 1～6月分源泉所得税の納付	○		
12	10				【納期の特例適用者】 6月～11月分の納付
翌年1月	20	【納期の特例適用者】 7～12月分源泉所得税の納付	○		

２　賞　　　与

期限		事務手続	関係先	
月	日		税務署	社員等
支給月	支給日まで	源泉徴収税額の計算		
	支給日	源泉徴収簿への記録、支払明細書の交付		○
翌月	10	源泉所得税の納付 ※納期の特例適用者は上記１参照	○	

３　年末調整

期限		事務手続	関係先		（参考）住民税（特別徴収）
月	日		税務署	社員等	
12	年末調整の前日まで	配偶者控除等申告書等の提出		○	
		扶養控除等申告書の記載内容再確認		○	
	賞与又は給与支給日	年末調整		○	
		源泉徴収簿への記録、支払明細書の交付		○	
翌年１月	10	年末調整後の源泉所得税の納付 ※納期の特例適用者は20日まで	○		
	31	年末調整の再調整		○	給与支払報告書の提出
		源泉徴収票の交付		○	
		源泉徴収票（法定調書）の提出	○		

〈参考　源泉徴収事務の流れ〉

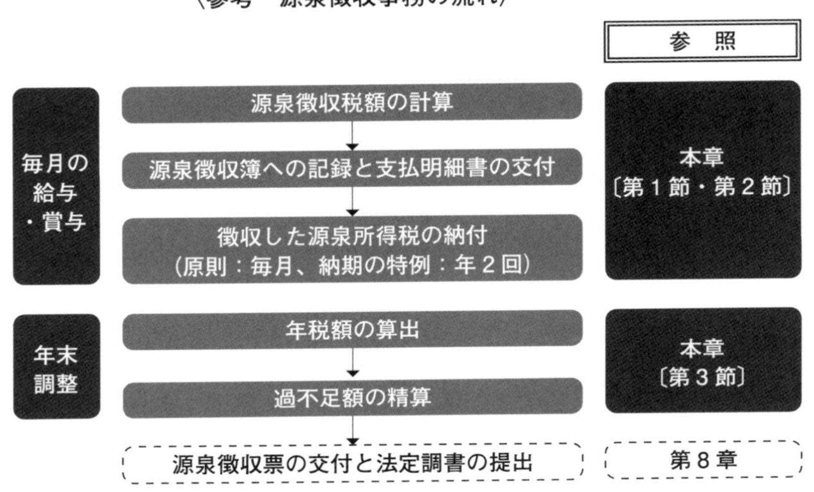

❷ 源泉徴収事務の事前準備

給与の源泉徴収事務は、社員等から「扶養控除等申告書」を提出してもらうことがスタートです。

1 「給与所得者の扶養控除等（異動）申告書」

給与の支払を受ける者は、原則として暦年ベースでこの申告書を提出しなければならないこととされています。

この申告書は、本来、会社経由で所轄税務署に提出しなければならないことになっていますが、税務署から提出を求められるまでの間は、会社で保存することとされています。

提出時期は、毎年最初に給与の支払をする日まで、通常は１月の給与支払日の前までとなっていますが、実務的には、年末調整における扶養控除等の内容を再確認する必要から、その前年12月の年末調整時に提出を求めているケースが多いようです。なお、会社の設立や新しく社員が入社したなどの場合には、最初に給与を支払う前までが提出期限です。

この申告書を提出することにより、記載された各種控除は、毎月の給与や賞与の源泉徴収段階では「扶養親族等」の数にカウントされ、最終的には年末調整を通じて控除が受けられます。

この申告書の提出がないと、毎月の源泉徴収は、税額表の「甲欄」ではなく税額が格段に高い「乙欄」により課税される（本章第２節❶参照）こととなり、年末調整を受けることもできません。

申告書の提出後、記載内容に異動が生じた時は、新たに申告書を提出しなおすか、該当項目を補正するかのいずれかの方法によります。

【扶養控除等申告書のチェックポイント】

社員から提出を受けた扶養控除等申告書の記載内容などをチェックする際には、次の点に注意してください。

(1)　源泉控除対象配偶者や控除対象扶養親族などに該当するかどうかは、判定の要素となる合計所得金額の見積額も含め、申告書の提出日現在で判定し、年齢はその年の12月31日現在で判定します。その後変更があったとしても、最終的には、その年の12月31日現在で判定したところにより、年末調整で精算することになります。

なお、令和２年分から、各種所得控除を受ける際の所得要件の見直しが行われていますので、注意を要します。

(2)　提出後、記載内容に異動があった場合は、補正を求め、以後の毎月の源泉徴収及び年末調整は補正後の内容に基づいて行います。

（例）・控除対象扶養親族であった家族の就職や結婚など

・本人や家族が、各種控除に該当若しくは該当しなくなった場合

(3) この申告書は個人住民税の様式をも兼ねていますので、所得税の計算上扶養控除の対象とならない16歳未満の扶養親族など、住民税に関する事項についても記載が必要とされています。

(4) 勤務先が複数ある者は、この申告書は1か所の勤務先にしか提出できません。申告書を提出しない勤務先では、月額表の乙欄で源泉徴収税額を計算することになります。

(5) 共働きのように、同一世帯に2人以上の所得者がいる場合、扶養親族についてどの所得者の扶養親族としても構いませんが、最終的にはその所得者が提出した申告書等に記載されたところにより判定することになります。同一内容の扶養控除等は、一方の所得者が受ければ、他方の所得者は受けられません。

(6) 国外居住親族（非居住者）について扶養控除等の所得控除を適用する場合には、社員等から①申告書提出時に、親族関係書類（親族関係を証明する戸籍の附票の写しなど）、②年末調整時に、送金関係書類（生活費等を負担していることを証明する外国送金依頼書の控えなど）の提出又は提示を受けなければなりません。これらの書類が外国語表記となっている場合は、日本語の訳文が必要です。

2 「従たる給与についての扶養控除等（異動）申告書」

この申告書は、2か所以上の支払者から給与の支払を受ける者で、上記1の「扶養控除等申告書」を提出した支払者から支給される給与の所得金額が諸控除額の合計額に満たないと見込まれる場合に、別の支払者の下で扶養控除等を受けるために提出するものです。

なお、毎月の源泉徴収税額の計算に当たって、この申告書を提出した者は、税額表の「乙」欄を使用することになります。

3　申告書の電磁的方法による提供

「扶養控除等申告書」については、会社が所轄税務署の承認を受けることにより、社員等は書面による提出に代えて、電磁的方法により申告書に記載すべき事項の提供を行うことができます。

電子データの対象となる書類は、次表のとおりです。

〈電子データの対象書類〉

<table>
<tr><th colspan="2">書類の名称</th><th>対象時期</th></tr>
<tr><td rowspan="6">年末調整申告書</td><td>扶養控除等申告書</td><td rowspan="2">平成19年７月以降</td></tr>
<tr><td>保険料控除申告書</td></tr>
<tr><td>配偶者控除等申告書</td><td>平成30年分以降</td></tr>
<tr><td>住宅借入金等特別控除申告書</td><td rowspan="6">令和２年10月１日以後に提供を受けるものから</td></tr>
<tr><td>基礎控除申告書（令和２年分から新設）</td></tr>
<tr><td>所得金額調整控除申告書（令和２年分から新設）</td></tr>
<tr><td rowspan="3">控除証明書等</td><td>保険料控除証明書（生命保険、地震保険等）</td></tr>
<tr><td>住宅借入金等特別控除証明書</td></tr>
<tr><td>住宅借入金の年末残高証明書</td></tr>
</table>

なお、この制度を適用するためには、「源泉徴収に関する申告書に記載すべき事項の電磁的方法による提供の承認申請書」を所轄税務署長あてに提出する必要があります。

ただし、既にこの承認を受けている場合には、新たな対象書類が加わったとしても、申請書を提出しなおす必要はありません。

詳細は、巻頭のトピックス（税制改正）の❺を参照してください。

参考法令　所法194、195、195の３、196、198、所令218、219、319の２、所規73、73の２、74、措規18の23の３、所基通194・195－３

【記載例①】　扶養控除等申告書

令和２年分　給与所得者の扶養控除等（異動）申告書

所轄税務署長等	給与の支払者の名称（氏名）	株式会社国税	あなたの氏名（フリガナ）	ウエスギ タロウ　上杉　太郎（上杉印）	あなたの生年月日	明・大・㊐・平・令 58年 8月 31日
麹町　税務署長	給与の支払者の法人（個人）番号	1 2 3 4 5 6 7 8 9 1 2 3 4	あなたの個人番号 ❶	1 1 2 2 3 3 4 4 5 5 6 6	世帯主の氏名	上杉　太郎
板橋　市区町村長	給与の支払者の所在地（住所）	東京都千代田区丸の内1-8-5	あなたの住所又は居所	（郵便番号 175 － 0094）東京都板橋区成増１－２－30	あなたとの続柄	本人
					配偶者の有無	㊒・無

従たる給与についての扶養控除等申告書の提出（提出している場合には、○印を付けてください。）

扶　給与の支払者受付印

あなたに源泉控除対象配偶者、障害者に該当する同一生計配偶者及び扶養親族がなく、かつ、あなた自身が障害者、寡婦、寡夫又は勤労学生のいずれにも該当しない場合には、以下の各欄に記入する必要はありません。

主たる給与から控除を受ける

区分等	（フリガナ）氏名	❶ 個人番号／あなたとの続柄	生年月日	老人扶養親族（昭26.1.1以前生）／特定扶養親族（平10.1.2生～平14.1.1生）	令和2年中の所得の見積額	非居住者である親族／生計を一にする事実	住所又は居所	異動月日及び事由（令和2年中に異動があった場合に記載してください（以下同じ。）。）
A 源泉控除対象配偶者（注1）	ウエスギ ハナコ　上杉　花子	2 2 3 3 4 4 5 5 6 6 7 7	明・大・㊐・平 60・7・15		❷ 750,000円		東京都板橋区成増1-2-30	
B 控除対象扶養親族（16歳以上）（平17.1.1以前生） 1			明・大・昭・平 ・ ・	□同居老親等 □その他 □特定扶養親族	円			
2			明・大・昭・平 ・ ・	□同居老親等 □その他 □特定扶養親族	円			
3			明・大・昭・平 ・ ・	□同居老親等 □その他 □特定扶養親族	円			
4			明・大・昭・平 ・ ・	□同居老親等 □その他 □特定扶養親族	円			

C 障害者、寡婦、寡夫又は勤労学生

☑障害者

区分＼該当者	本人	同一生計配偶者（注2）	扶養親族
一般の障害者			（　人）
特別障害者			（　人）
同居特別障害者			✓（1人）

❸ □寡婦　□特別の寡婦　□寡夫　□勤労学生

上の該当する項目及び欄にチェックを付け、（　）内には該当する扶養親族の人数を記入してください。

左記の内容（この欄の記載に当たっては、裏面の「2　記載についてのご注意」の(8)をお読みください。）：上杉一郎、身体障害者１級　身体障害者手帳（平成23年４月１日交付）

異動月日及び事由：

（注）1　源泉控除対象配偶者とは、所得者（令和2年中の所得の見積額が900万円以下の人に限ります。）と生計を一にする配偶者（青色事業専従者として給与の支払を受ける人及び白色事業専従者を除きます。）で、令和2年中の所得の見積額が95万円以下の人をいいます。
2　同一生計配偶者とは、所得者と生計を一にする配偶者（青色事業専従者として給与の支払を受ける人及び白色事業専従者を除きます。）で、令和2年中の所得の見積額が48万円以下の人をいいます。

D 他の所得者が控除を受ける扶養親族等

氏名	あなたとの続柄	生年月日	住所又は居所	控除を受ける他の所得者 氏名	あなたとの続柄	住所又は居所	異動月日及び事由
		明・大・昭・平・令 ・ ・					
		明・大・昭・平・令 ・ ・					

○住民税に関する事項（この欄は、地方税法第45条の3の2及び第317条の3の2に基づき、給与の支払者を経由して市区町村長に提出する給与所得者の扶養親族等申告書の記載欄を兼ねています。）

16歳未満の扶養親族（平17.1.2以後生）

	（フリガナ）氏名	❶ 個人番号	あなたとの続柄	生年月日	住所又は居所	控除対象外国外扶養親族	令和2年中の所得の見積額	異動月日及び事由
1	ウエスギ イチロウ　上杉　一郎	3 3 4 4 5 5 6 6 7 7 8 8	子	㊥・令 22・6・30	東京都板橋区成増1-2-30		0円	
2				平・令 ・ ・			円	
3				平・令 ・ ・			円	

単身児童扶養者　□該当する場合には左記にチェックを付けてください。　児童扶養手当証書の番号　　生計を一にする児童の氏名　　左記の児童の令和2年中の所得の見積額　　異動月日及び事由

◎この申告書は、あなたの給与について扶養控除、障害者控除などの控除を受けるために提出するものです。
◎この申告書は、源泉控除対象配偶者、障害者に該当する同一生計配偶者及び扶養親族に該当する人がいない人も提出する必要があります。
◎この申告書は、2か所以上から給与の支払を受けている場合には、そのうちの1か所にしか提出することができません。
◎**この申告書の記載に当たっては、裏面の「申告についてのご注意」等をお読みください。**

社員の方へ

・複数の勤務先から給与を得ている場合は、いずれか１か所にしか提出できません。

・提出後、記載内容に異動があった場合は、この申告書の該当項目に事由を付記して補正します。

・配偶者（特別）控除を年末調整で受ける場合は、別途「配偶者控除等申告書」（兼用様式）を提出する必要があります。

・令和２年分から、給与所得控除額や各種控除の所得要件の見直しが行われていますので、注意してください。

書き方

「所轄税務署長等」「給与の支払者（名称・法人番号・住所）」欄は、一般的には会社が記載します。

❶ 「個人番号」……各人のマイナンバーを記載します。会社が一定の帳簿により管理している場合は、記載は不要です。

❷ 「令和２年中の所得の見積額」……提出時の状況で記載します。「非居住者である親族」欄は、該当がある場合に○を付し、控除対象扶養親族の「生計を一にする事実」欄には年間の送金額を記載（年末調整時）します。

❸ 令和２年度税制改正による「ひとり親控除」等（巻頭トピックス（税制改正）❻参照）を適用する場合は、記載されている項目を「ひとり親」に訂正するなど、適宜の方法により記載して差し支えありません。

添付書類

- 年の中途で就職した者で前職のある者……前勤務先の源泉徴収票（年末調整時、前勤務先分を含めて年末調整をすることができます。）
- 「非居住者である親族」に○を付した者……親族関係書類、送金関係書類（年末調整時）

※外国語で作成のものは、訳文も添付

❸ 毎月の源泉徴収事務

毎月（日々）の給与や賞与などを支払う際に行う源泉徴収事務は、以下の順序や要領で行います。以後、基本的にはこの事務の繰り返しです。

1　源泉控除対象配偶者等の内容確認

まず、社員等から、「扶養控除等申告書」の提出を受け、以後の源泉徴収税額の算出の基礎となる源泉控除対象配偶者や扶養親族などの内容を確認することから始めます（上記❷参照）。

2　源泉徴収税額の計算

次に、各人ごとに、「税額表（月額表又は日額表）」や「賞与の算出率表」により、支払う給与や賞与の額（通勤手当など、課税されないものは除きます。）に対する源泉徴収税額を求めます（本章第２節参照）。

3　給与等の支払と明細書の交付

給与や賞与の支給日に、給与等の金額から、源泉徴収税額を差し引いて（会社は、通常「預り金」として経理します。）各人に支払います。この際、給与等の金額、源泉徴収税額など必要な事項を記載した「支払明細書」（様式は会社が独自に作成します。）を会社が作成して社員に交付しなければなりません。給与等を支払った後、これらの事績を「給与所得・退職所得に対する源泉徴収簿」に記録（本章第３節❶の【記載例⑤】参照）します。

４　源泉徴収税額の納付

給与等を支払った際に預り金として経理した源泉徴収税額は、納付期限までに「納付書（給与所得・退職所得等の所得税徴収高計算書）」を添えて金融機関若しくは所轄税務署の窓口等で納付します。

参考法令　所法185、186、220、231

【記載例②】　納付書（３枚１組の複写式）

○　一般用

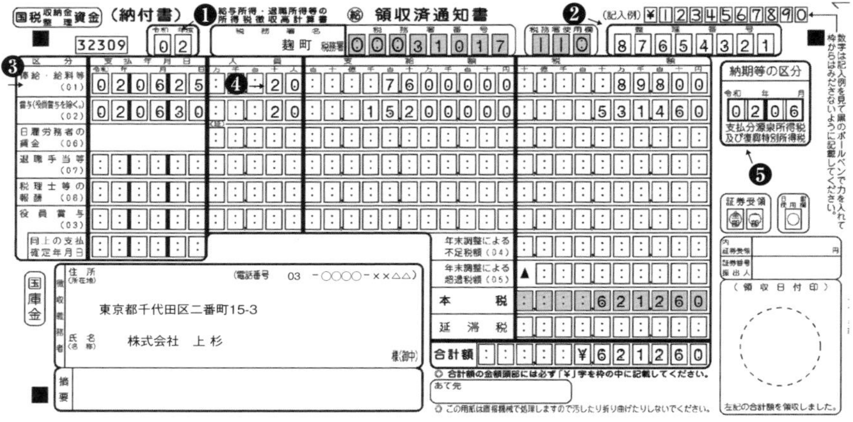

国税 収納金整理資金（納付書）　❶ 給与所得・退職所得等の所得税徴収高計算書　㊗ 領収済通知書　❷（記入例）¥1234567890

32309　令和 年度 02　税務署名 麹町 税務署　税務署番号 00031017　税務署使用欄 110　整理番号 87654321

区分	支払年月日	人員	支給額	税額
❸ 俸給・給料等（01）	02 06 25	❹ 20	7600000	89800
賞与（役員賞与を除く。）（02）	02 06 30	20	15200000	531460
日雇労務者の賃金（06）				
退職手当等（07）				
税理士等の報酬（08）				
役員賞与（03）				
同上の支払確定年月日				
			年末調整による不足税額（04）	
			年末調整による超過税額（05）	▲
			本税	621260
			延滞税	
			合計額	¥621260

納期等の区分　令和 年 月 0206　支払分源泉所得税及び復興特別所得税　❺

国庫金　徴収義務者　住所（所在地）（電話番号 03 －○○○○－××△△）東京都千代田区二番町15-3　氏名（名称）株式会社 上杉 様（御中）

摘要

○ 合計額の金額頭部には必ず「¥」字を枠の中に記載してください。

あて先

○ この用紙は直接機械で処理しますので汚したり折り曲げたりしないでください。

証券受領　日銀使用欄　内 証券受領 円　証券番号 振出人　（領収日付印）　左記の合計額を領収しました。

数字は記入例を見て黒のボールペンで力を入れて枠からはみださないように記載してください。

○　納期特例用

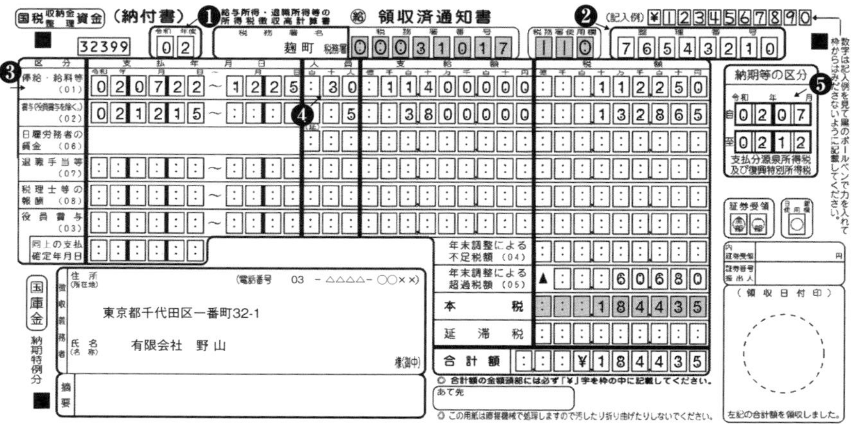

国税 収納金整理資金（納付書）　❶ 給与所得・退職所得等の所得税徴収高計算書　㊗ 領収済通知書　❷（記入例）¥1234567890

32399　令和 年度 02　税務署名 麹町 税務署　税務署番号 00031017　税務署使用欄 110　整理番号 76543210

区分	支払年月日	人員	支給額	税額
❸ 俸給・給料等（01）	02 07 22 ～ 12 25	30	11400000	112250
賞与（役員賞与を除く。）（02）	02 12 15 ～	❹ 5	3800000	132865
日雇労務者の賃金（06）				
退職手当等（07）	～			
税理士等の報酬（08）	～			
役員賞与（03）	～			
同上の支払確定年月日				
			年末調整による不足税額（04）	
			年末調整による超過税額（05）	▲60680
			本税	18435
			延滞税	
			合計額	¥18435

納期等の区分　令和 年 月　❺　自 0207　至 0212　支払分源泉所得税及び復興特別所得税

国庫金 納期特例分　徴収義務者　住所（所在地）（電話番号 03 －△△△△－○○××）東京都千代田区一番町32-1　氏名（名称）有限会社 野山 様（御中）

摘要

○ 合計額の金額頭部には必ず「¥」字を枠の中に記載してください。

あて先

○ この用紙は直接機械で処理しますので汚したり折り曲げたりしないでください。

証券受領　日銀使用欄　内 証券受領 円　証券番号 振出人　（領収日付印）　左記の合計額を領収しました。

数字は記入例を見て黒のボールペンで力を入れて枠からはみださないように記載してください。

書き方

❶「年度」……令和２年４月１日～令和３年３月31日までの納付は「02」と記載します。

❷「整理番号」……会社の整理番号です。マイナンバーではありません。

❸「区分」……給料、賞与などの別に該当欄に記載します。この欄に印字されている各種源泉所得税は、この納付書を使用します。

❹「人員」……各月の実人員を記載します。納期特例用は、各月の実人員の支給月の合計数となります。

❺「納期等の区分」……「支払年月日」欄に対応する年月を記載します。

【プレプリント納付書の使用】

税務署から送付される納付書には、「税務署名」「税務署番号」「整理番号」「徴収義務者（住所・名称）」が印字されています。この納付書を使用することにより、整理番号等の記載誤りが防止できます。この納付書は、税務署の窓口でも交付を受けることができます。

❹ マイナンバー関係

平成28年１月からマイナンバーの利用が開始しました。これに伴い、源泉徴収事務においても、以下の事務が付加されることとなりました。

本項では、このうち給与を支払う際の社員のマイナンバー（個人番号）に関する事務手続等に限定して説明します。

1　マイナンバーを記載する書類

給与の支払に関して、12桁のマイナンバーを記載すべき税務関係書類は、次表のとおりです。

〈源泉徴収事務におけるマイナンバーを記載すべき税務関係書類等〉

<table>
<tr><th>区　分</th><th>税務関係書類（主なもの）</th><th>備　考</th></tr>
<tr><td rowspan="3">会社を経由して税務署に提出すべき申告書等（会社保管）</td><td>扶養控除等申告書</td><td rowspan="3">一定の帳簿を備えている場合は記載不要（下記２ロ参照）</td></tr>
<tr><td>基礎控除申告書 兼 配偶者控除等申告書 兼 所得金額調整申告書</td></tr>
<tr><td>退職所得の受給に関する申告書</td></tr>
<tr><td>税務署に提出すべき法定調書</td><td>源泉徴収票（給与・退職所得）</td><td>—</td></tr>
</table>

2　マイナンバーの事務手続

会社は、給与の支払を受ける社員等から①マイナンバー（個人番号）を取得し、②その際に本人確認を行い、③この取得した番号を上記**1**の書類に記載します。手続の詳細は、以下のとおりです。

イ　マイナンバーの取得と本人確認

会社は、上記税務関係書類に社員等のマイナンバーを記載するために、これらの者から当該番号の提示を受け、取得する必要があります。

本人確認は、申告書等に記載されたマイナンバーが正しい番号かどうか（番号確認）と、申告書等を提出する者が番号の正しい持ち主かどうか（身元確認）の確認です。

ただし、会社の社員の場合は、通常は入社時に本人であることの確認を行っていますので、番号確認のみを行えばよく、身元確認のための書類の提示は必要ありません。

なお、社員等から提出を受けた扶養控除等申告書などに記載されている扶養親族等の本人確認は、会社ではなく社員等本人が行うことになります。

ロ　マイナンバーを記載しなくてもよい場合

扶養控除等申告書など上記**1**の表の「会社を経由して税務署に提出すべき申告書等」には、原則として、その申告書に記載されるべき社員等、その扶養親族等のマイナンバーを記載する必要があります。ただし、会社がそれらの者の氏名及びマイナンバー等所定の事項を記載した帳簿を備えている場合には、記載を要しないこととされています。

ハ　本人へ交付する書類へのマイナンバーの記載不可

本人に対して交付する義務がある源泉徴収票には、特定個人情報の提供制限の観点から、マイナンバーの記載はしません。

参考法令　所法194、195、203、225、所規73、74、77、93、94

〔第２節〕　源泉徴収税額の計算

❶　給与の税額計算

給与の支払方法や「扶養控除等申告書」が提出されているかどうかにより、源泉徴収税額の計算方法は異なります。

1　税額表の使用区分と計算方法

主なケースの源泉徴収税額の計算方法について、次表にまとめましたので、参考にしてください。

〈給与の主なケースの税額計算〉

支払方法	扶養控除等申告書	使用する税額表 種類	欄	計算方法（概要）
月ごと	提出あり	月額表	甲	給与等の金額について、「税額表」の各欄により源泉徴収税額を求めます。
	提出なし		乙	
数か月分を一括	提出あり		甲	給与等の金額を月割額にして税額を求め、その税額にその月数を乗じて源泉徴収税額を算出します。
	提出なし		乙	
半月ごと	提出あり		甲	給与等の金額を２倍した月割額について税額を求め、その税額を２分の１して源泉徴収税額を算出します。
	提出なし		乙	
旬ごと	提出あり		甲	給与等の金額を３倍した月割額について税額を求め、その税額を３分の１して源泉徴収税額を算出します。
	提出なし		乙	
追加支給	提出あり		甲	既支払額と追加給与の合計額について税額を求め、その税額から既支払額に対応する税額を控除して源泉徴収税額を算出します。 （注）給与改訂に伴う新旧給与の差額については、賞与の方法によることもできます。
	提出なし		乙	
週ごと	提出あり	日額表	甲	給与等の金額を７日で除した日割額について税額を求め、その税額を７倍して源泉徴収税額を算出します。
	提出なし		乙	
日割支給	提出あり		甲	給与等の金額を期間の日数で除した日割額について税額を求め、その税額にその日数を乗じて源泉徴収税額を算出します。
	提出なし		乙	
日雇賃金	（提出不要）		丙	給与等の金額について、「税額表」により源泉徴収税額を求めます。

（注）１　表中「給与等の金額」とは、社会保険料等控除後の給与等の金額をいいます。

２　「扶養控除等申告書」欄の「提出なし」には、「従たる給与についての扶養控除等申告書」の提出がある場合を含みます。

２　税額表を使う際の留意点

税額表の使用に当たっては、次の事項に注意してください。

(1)　税額表に当てはめる「給与等の金額」は、厚生年金保険料、健康保険料、雇用保険料などの社会保険料や小規模共済等掛金を控除した後の金額となります。

(2)　半月や旬ごとなどにより支払う場合の計算は、あくまでも給与の支払期が定められている場合であって、資金繰りでたまたま月２回の支払になったとか、支払総額は確定したが分割で支払う場合などには適用されません。

(3)　日々雇い入れられる者であっても、同じ会社に継続して２か月を超える場合には、２か月を超える期間から支払う給与は、日雇賃金とはなりません。

(4)「扶養親族等の数」は、源泉控除対象配偶者や控除対象扶養親族の実人数に、障害者控除などを加味した数によることとされています。

次の表を参考にしてください。

〈税額表の「扶養親族等の数」〉

<table>
<tr><th colspan="3">区　分</th><th>内　容</th><th>カウント</th></tr>
<tr><td rowspan="2">実人数</td><td colspan="2">源泉控除対象配偶者</td><td>第3章❷1（8）参照</td><td>1</td></tr>
<tr><td colspan="2">控除対象扶養親族</td><td>第3章❷1（9）参照</td><td>各　1</td></tr>
<tr><td rowspan="10">加算</td><td colspan="2" rowspan="4">本人</td><td>（特別）障害者</td><td>1</td></tr>
<tr><td>寡婦（特別の寡婦を含みます。）</td><td>1</td></tr>
<tr><td>寡夫</td><td>1</td></tr>
<tr><td>勤労学生</td><td>1</td></tr>
<tr><td colspan="2" rowspan="2">同一生計配偶者
（第3章❷1（8）参照）</td><td>（特別）障害者</td><td>1</td></tr>
<tr><td>同居特別障害者</td><td>2</td></tr>
<tr><td rowspan="4">扶養親族</td><td rowspan="2">控除対象扶養親族</td><td>（特別）障害者</td><td>1</td></tr>
<tr><td>同居特別障害者</td><td>2</td></tr>
<tr><td rowspan="2">年少（16歳未満）
扶養親族</td><td>（特別）障害者</td><td>1</td></tr>
<tr><td>同居特別障害者</td><td>2</td></tr>
</table>

（注）１　同居特別障害者に該当する場合には、特別障害者の１と同居特別障害者の１の計２を加算します。

２　令和３年１月１日以降に支払うものからは、「本人」の「寡婦」欄は「ひとり親」、「寡夫」欄は「寡婦」と読み替えて使用してください。

なお、扶養親族等の数は一般の控除額（おおむね38万円相当額＝カウント「１」）を想定したものとなっており、例えば控除対象扶養親族が老人に該当する場合などのその差額は、年末調整の際に精算することになります。

【源泉控除対象配偶者】

配偶者（特別）控除ついては、源泉控除対象配偶者に該当する場合にのみ、毎月の源泉徴収の税額表を使用して源泉徴収税額を求める際、「扶養親族等の数」にカウントすることになります。

社員から提出された扶養控除等申告書の「源泉控除対象配偶者」欄の記載内容を確認する必要があります。

なお、同一生計配偶者が、（特別）障害者に該当する場合には、配偶者控除を受けることができるかどうかにかかわらず、「扶養親族等の数」にカウントします。

同一生計配偶者

社員の配偶者で、所得が48万円（給与収入で103万円）以下の者をいいます。

(5) 扶養親族等が７人を超える場合などは、次によります。

① 税額表の「甲」欄（「扶養控除等申告書」提出あり）を適用する場合

７人の場合の税額から月額表を使用する場合は７人を超える１人につき1,610円、日額表を使う場合は同50円を控除して求めます。

② 税額表の「乙」欄（「従たる給与についての扶養控除等申告書」提出あり）を適用する場合

税額表の乙欄の税額から、扶養親族等１人ごとに、月額表の場合は1,610円、日額表の場合は50円を控除して求めます。

参考法令 所法185、187、188、所基通183～193共－１、183～193共－５

【給与の税額の具体的な求め方】

〔設例〕

① 給与の額（月額） 380,000円

② 給与から控除する社会保険料の額 54,663円

③ 源泉控除対象配偶者あり

④ 年少扶養親族（１人）は、同居特別障害者に該当

〔税額の計算〕

(1) まず、社会保険料等控除後の給与等の金額を求めます。

380,000円－54,663円＝325,337円

⑵　次に、扶養親族等の数を確認します。

扶養親族等の数は、源泉控除対象配偶者が「１」、控除対象扶養親族とならない年少扶養親族は同居特別障害者に該当していますので、特別障害者の１と同居特別障害者の１を加算した「２」となり、合計「３」となります。

⑶　税額表は「月額表」を使います。

「その月の社会保険料等控除後の給与等の金額」欄で、⑴で求めた325,337円が含まれている「323,000円以上326,000円未満」の行を求めます。その行と「甲」欄の「扶養親族等の数」が「３人」の欄と交わるところに記載されている4,490円が求める税額です。

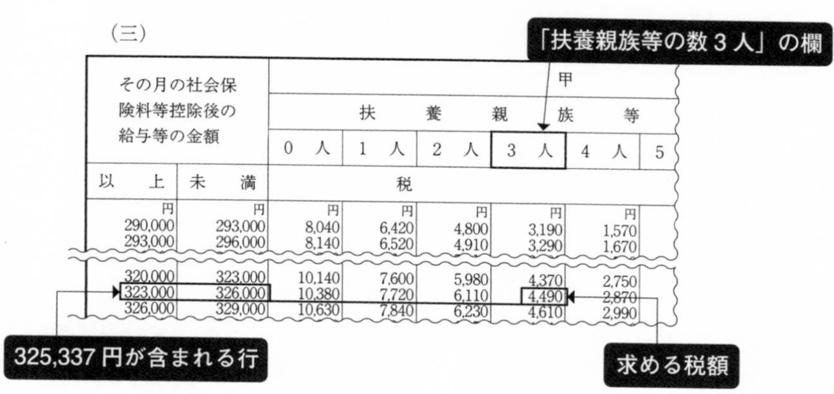
(三)

その月の社会保険料等控除後の給与等の金額		甲					
		扶養親族等					
		0 人	1 人	2 人	3 人	4 人	5
以上	未満	税					
円	円	円	円	円	円	円	
290,000	293,000	8,040	6,420	4,800	3,190	1,570	
293,000	296,000	8,140	6,520	4,910	3,290	1,670	
320,000	323,000	10,140	7,600	5,980	4,370	2,750	
323,000	326,000	10,380	7,720	6,110	4,490	2,870	
326,000	329,000	10,630	7,840	6,230	4,610	2,990	

❷　賞与の税額計算

賞与に対する源泉徴収税額は、通常のケースでは「賞与の算出率表」を使って求めることになりますが、前月中のいわゆる普通給与の支払状況などにより、「税額表」の「月額表」を使う場合もあります。

その区分と計算方法は次表のとおりです。

〈賞与の主なケースの税額計算〉

<table>
<tr><th rowspan="2">支払方法</th><th rowspan="2">扶養控除等申告書</th><th colspan="2">使用する税額表</th><th rowspan="2">計算方法（概要）</th></tr>
<tr><th>種類</th><th>欄</th></tr>
<tr><td rowspan="2">①前月中に普通給与の支払がある場合（③の場合を除きます。）</td><td>提出あり</td><td rowspan="2">賞与の算出率表</td><td>甲</td><td rowspan="2">①「前月の社会保険料等控除後の給与等の金額」に応じた「賞与の金額に乗ずべき率」を算出
②源泉徴収税額＝社会保険料等控除後の賞与の金額に①の率を乗じた額</td></tr>
<tr><td>提出なし</td><td>乙</td></tr>
<tr><td rowspan="2">②前月中に普通給与の支払がない場合</td><td>提出あり</td><td rowspan="4">月額表</td><td>甲</td><td rowspan="2">①社会保険料等控除後の賞与の金額を６（賞与の計算期間が６か月超の場合は12）で除した額を算出
②①の額について、「税額表」により税額算出
③源泉徴収税額＝②の額を６（又は12）倍した額</td></tr>
<tr><td>提出なし</td><td>乙</td></tr>
<tr><td rowspan="2">③前月中の普通給与の10倍を超える場合</td><td>提出あり</td><td>甲</td><td rowspan="2">①社会保険料等控除後の賞与の金額を６（賞与の計算期間が６か月超の場合は12）で除した額と前月中の社会保険料等控除後の給与等の合計額を算出
②①の額について、「税額表」により税額算出
③前月中の社会保険料等控除後の給与等の額について、「税額表」により税額算出
④源泉徴収税額＝②の額から③の額を控除した額を６（又は12）倍した額</td></tr>
<tr><td>提出なし</td><td>乙</td></tr>
<tr><td>（丙欄適用者の）臨時手当等</td><td>（提出不要）</td><td>日額表</td><td>丙</td><td>支払日の通常の日雇賃金と合計して源泉徴収税額を算出</td></tr>
</table>

なお、普通給与を月の整数倍の期間ごとに支払うこととしているため、賞与支払月の前月中に給与の支払がなかった場合又はその期間の給与をまとめて支払っていた場合には、その賞与の支払の直前に支払った普通給与の月割額に相当する額を前月中に支払った普通給与の額として、賞与の算出率表を使用することになります。

参考法令　所法186

【賞与の税額の具体的な求め方】

〔設例〕

①	前月の給与の額（社会保険料控除後）	325,337円
②	夏期賞与の金額	760,000円
③	賞与から控除する社会保険料の額	109,326円
④	源泉控除対象配偶者あり	
⑤	年少扶養親族（１人）は、同居特別障害者に該当	

〔税額の計算〕

(1)　まず、「賞与の算出率表」の「甲」欄により、「扶養親族等の数」が「３人」（上記❶【給与の税額の具体的な求め方】参照）の欄で、「前月の社会保険料等控除後の給与等の金額」325,337円が含まれている「295千円以上345千円未満」の行を求めます。

(2)　次に、上記(1)で求めた行と「賞与の金額に乗ずべき率」欄との交わるところに記載されている賞与の金額に乗ずべき率「4.084％」を求めます。

(3)　賞与の金額760,000円から社会保険料の額109,326円を控除した額650,674円に、上記(2)で求めた4.084％を乗じた額26,573円（１円未満の端数切捨て）が、この賞与に対する源泉徴収税額です。

賞与に対する源泉徴収税額の算出率の表（令和２年分）

（平成24年３月31日財務省告示第115号別表第三（平成31年

「扶養親族等の数３人」の欄

賞与の金額に乗ずべき率	甲							
	扶養親族							
	0人		1人		2人		3人	
	前月の社会保険料等控							
	以上	未満	以上	未満	以上	未満	以上	未満
%	千円	千円	千円	千円	千円	千円	千円	千円
0.000	68	千円未満	94	千円未満	133	千円未満	171	千円未満
2.042	68	79	94	243	133	269	171	295
4.084	79	252	243	282	269	312	295	345
6.126	252	300	282	338	312	369	345	398
8.168	300	334	338	365	369	393	398	417

賞与の金額に乗ずべき率

前月の社会保険料等控除後の給与等の金額325,337円

Q 4－1　パート・アルバイトと源泉徴収

正社員とは別に、忙しい時期にパートを雇用する予定です。

パートやアルバイトに対する源泉徴収税額の計算は、一般の正社員とは異なるのでしょうか。

A　基本的には、正社員と同様の方法で源泉徴収税額を計算します。ただし、雇用形態によっては、「日額表」の「丙欄」を使う場合もあります。

パートやアルバイトに給与を支払う際に源泉徴収をする税額は、雇用形態などにより、次の方法で計算します。

１　原則的取扱い

一般の社員と同様に、給与の支払方法などに応じて定められている「税額表」の「月額表」か「日額表」を用いて、扶養控除等申告書の提出があるかないかによって「甲欄」又は「乙欄」を使って源泉徴収税額を求めます。

パートやアルバイトは、勤務先が複数あるケースがありますが、扶養控除等申告書はいずれか１か所にしか提出できませんので、確認を要します。

パート等の便宜を図って雇用した結果、隔日や半日のみの勤務となったり短期間でやめていくケースがあり、このような場合、源泉徴収税額をどのように計算すればよいか、迷うことがあります。しかしながら、雇用期間の定めがなく、給与を毎月など定期的に支払うこととしている限り、このような就労状況は税額表を適用する上では考慮されません。

２　「日額表」の「丙欄」を適用する場合

勤務した日数又は時間によって給与を計算している場合で、次のいずれかに該当する場合には、「日額表」の「丙欄」を使って源泉徴収税額を求めます。

⑴ 雇用契約の期間があらかじめ定められている場合には、その期間が2か月以内であること

⑵ 日々雇い入れている場合には、継続して2か月以内の支払であること

したがって、パートやアルバイトに対して日給や時間給で支払う給与は、あらかじめ雇用契約の期間が2か月以内と決められていれば、その期間は「日額表」の「丙欄」を使います。

つまり、「日額表」の「丙欄」は、あくまでも当初の契約期間が2か月以内の場合に限って使うことになり、雇用契約の期間の延長や、再雇用により2か月を超える場合には、その超えた日からは、上記**1**の例により源泉徴収税額を求めることになります。

参考法令 所法185①三、所令309、所基通185－8

Q 4－2　給与と賞与の区分

社員に夏期ボーナスを支給することになりました。

聞くところによりますと、給与と賞与とでは、源泉徴収税額の計算方法が異なると聞きました。給与と賞与は、どのように違うのでしょうか。

A　一般的には、定期に支払われるものは給与、それ以外のものは賞与となります。

同じ給与であっても、賞与かそれ以外の給与かで源泉徴収税額の算出方法が異なりますので、両者を区分する必要があります。

賞与とは、一般的には定期の給与とは別に支払われる給与等で、賞与、ボーナス、夏期手当、年末手当、期末手当等の名目で支払われるものその他これらに類するものをいいます。

なお、支払う給与等がいずれに当たるか明らかでない場合は、次に掲げるものは賞与に該当するものとして取り扱うこととされています。

⑴　純益を基準として支給されるもの

⑵　あらかじめ支給額又は支給基準の定めのないもの

⑶　あらかじめ支給期の定めのないもの（雇用契約そのものが臨時である場合のものを除きます。）

⑷　法人税法に規定する次の給与

イ　事前確定届出給与（他に定期の給与を受けていない者に対し継続して毎年所定の時期に定額を支給する定めに基づき支給されるものを除きます。）（法人税法34①二）

ロ　業績連動給与（法人税法34①三）

参考法令　所基通183－１の２

〔第3節〕 年 末 調 整

年末調整とは、会社などがその年最後に給与の支払をする際、社員等各人ごとに、毎月の給与や賞与などの源泉徴収税額と、１年間の給与等の支払総額について納付すべき税額（年税額）を対比し、その過不足を精算することをいいます。原則として、会社に扶養控除等申告書を提出している者全員について行います。

❶ 年末調整事務

1　各種控除の内容確認

年末調整で控除が受けられるものについて、その内容を確認します。具体的には、年末調整をする日までに、社員等から次表に掲げる申告書を提出してもらいます。併せて、最初に給与を支払う時に提出を受けた「扶養控除等申告書」の記載内容にその後異動はなかったか、確認しておく必要があります。

なお、各種申告書及びその添付書類について、一部を除き電子データにより提出を受けることができます。詳しくは、巻頭のトピックス（税制改正）の❺及び本章第１節を参照してください。

〈年末調整で控除を受けるための提出書類〉

<table>
<tr><th colspan="2">提出を受ける申告書</th><th>控除の種類</th><th>添付書類（主なもの）</th></tr>
<tr><td colspan="2">扶養控除等申告書
※記載内容を再確認します。</td><td>障害者控除、ひとり親控除
寡婦控除、勤労学生控除
扶養控除</td><td rowspan="2">国外居住親族（非居住者）に係る親族関係書類、送金関係書類</td></tr>
<tr><td rowspan="3">兼用様式</td><td>配偶者控除等申告書</td><td>配偶者（特別）控除</td></tr>
<tr><td>基礎控除申告書</td><td>基礎控除</td><td rowspan="2">－</td></tr>
<tr><td>所得金額調整控除申告書</td><td>（給与所得控除）</td></tr>
<tr><td colspan="2">保険料控除申告書</td><td>社会保険料控除・小規模企業共済等掛金控除（本人が直接支払ったもの）
生命保険料控除、地震保険料控除</td><td>保険会社等から交付を受けた証明書</td></tr>
<tr><td colspan="2">住宅借入金等特別控除申告書</td><td>（特定増改築等）住宅借入金等特別控除</td><td>金融機関等から交付を受けた住宅借入金の年末残高証明書
税務署から交付を受けた住宅借入金等特別控除証明書</td></tr>
</table>

【令和２年分からの改正】

巻頭のトピックスに示した基礎控除等の大幅な税制改正に伴い、社員から提出を受ける申告書等の様式も大幅に変わりました。

基礎控除申告書と所得金額調整控除申告書が創設され、従来の配偶者控除等申告書との兼用様式となっています。

また、扶養控除等申告書などの様式も、税制改正に伴い記載内容が変更されているものもあります。令和２年分の各種様式を使用することに注意が必要です。

【年末調整における各種申告書のチェックポイント】

提出を受けた各種申告書の記載内容などをチェックする際には、次の点に注意してください。

(1) 各種申告書の提出漏れがないか確認してください。これらの申告書が提出されていないと、年末調整で控除することはできません。

使用頻度の高い申告書については、年末調整の対象となる者全員に提出を求めることにより、該当がないことの確認ができます。

(2) 既に提出されている扶養控除等申告書について、源泉控除対象配偶者欄以外の項目に変更がないかどうか確認してください。特に、所得要件がある所得控除については、提出時の所得見積額等が記載されていますので、年末調整の際には、必ず確認しておく必要があります。

(3) 控除対象配偶者や控除対象扶養親族、障害者などに該当するかどうかは、社員等の死亡や出国の場合を除き、その年12月31日現在で判定します。12月31日現在で判定しますので、当該事実が年の中途で発生していたとしても、控除額を按分することなく、その全額について控除が受けられます。社員等の死亡や出国の場合は、その時点で判定します。

諸控除を適用する場合の年齢は、次表を参照してください。

〈諸控除と年齢（令和２年分）〉

種　類	区　分	年　齢	詳　　細
配偶者控　除	老人控除対象配偶者	70歳以上	昭26.1.1以前に生れた者
扶　養控　除	一般の控除対象扶養親族	16歳以上	平17.1.1以前に生れた者
	特定扶養親族	19歳以上 23歳未満	平10.1.2～平14.1.1に生れた者
	年少扶養親族	15歳以下	平17.1.2以後に生れた者
	老人扶養親族	70歳以上	昭26.1.1以前に生れた者

２　年税額の算出

（１）　毎月の源泉徴収税額との過不足精算

各人ごとに年税額を算出し、それまで源泉徴収した税額との差額について、年末調整の際に徴収又は還付をして年税額との過不足税額の精算を行います。そのときに使用する税額表等は次のとおりです。

〈年末調整で使用する税額表等〉

使用目的	使用する税額表等	参照
所得金額の算出	年末調整等のための給与所得控除後の給与等の金額の表	〈参考資料〉３
年税額の算出	年末調整のための算出所得税額の速算表	〈参考資料〉４
源泉徴収税額等の確認	給与所得・退職所得に対する源泉徴収簿	本項【記載例⑤】

（注）令和２年分は、前年分とは変更になっていますので、留意してください。

（２）年末調整による源泉徴収税額の納付

年末調整の結果、年末調整を行った社員等全員の年税額とその年の源泉徴収税額の差額（不足額）は、所定の方法により納付期限までに納付します。

なお、年末調整において、過不足税額を精算した結果、還付すべき税額が多額に発生するなど、納付すべき源泉徴収税額が発生しない場合があります。このような場合であっても「税額ゼロの納付書」を所轄税務署に提出（電子申告（e-Tax）を利用すると便利です。）する必要があります。納付税額のない納付書は、金融機関では受け付けませんので注意してください。

3　年末調整における留意事項

(1)　12月に通常の給与の前に年末賞与を支払う場合、賞与の税額計算の手間を省略するなどの理由から、給与より先の賞与をその年最後の給与とみなして、年末調整をすることができます。

この場合、賞与の後に支払うことにしている給与は、賞与を支払う時点での見積額により、通常の例で源泉徴収税額を計算することになります。見積額と異なる場合には、その給与の支払の際に、年末調整の再計算を行います。

(2)　年末調整の対象となる給与は、その年に支払うことが確定した給与ですので、未払があったとしても、その額を含める必要があります。

(3)　1年間の給与収入が2,000万円を超える人は、年末調整の対象とはなりませんので、12月に支払う給与や賞与は通常の例により源泉徴収税額の計算をすることになります（確定申告により、年税額を確定します。）。

(4)　年末調整後に、扶養親族等に異動があった場合は、「給与所得の源泉徴収票」を作成する時までに、年末調整の再調整を行うことになります。

(5)　年末調整により、その年の源泉徴収税額が年税額を上回る（過納額）ときは、12月分として納付する源泉徴収税額から控除して社員に還付し、それでも還付しきれない場合には、翌年納付する源泉徴収税額から順次控除して還付することになります。なお、過納額が多額となるなど一定の場合には、手続をすることにより、所轄税務署から税額の還付を受けることができます。

４　源泉徴収票の本人への交付

年末調整をした後、社員各人ごとに１年間に確定した給与の支払金額や源泉徴収税額などを記載した「給与所得の源泉徴収票」を作成し、翌年１月31日までに本人に交付しなければなりません（第８章参照）。

参考法令　所法190、191、192、226、所基通190－６

【記載例③】基礎控除申告書 兼 配偶者控除等申告書 兼 所得金額調整控除申告書（兼用様式）

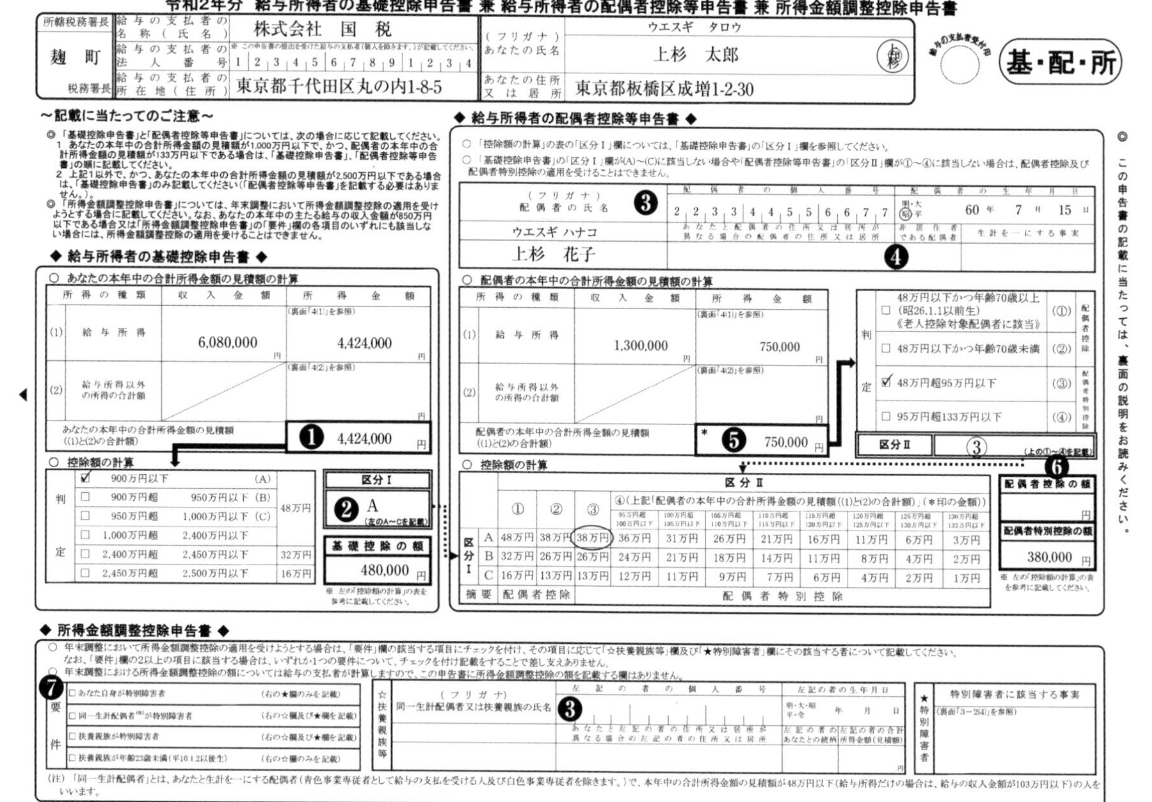

令和2年分　給与所得者の基礎控除申告書 兼 給与所得者の配偶者控除等申告書 兼 所得金額調整控除申告書

所轄税務署長	給与の支払者の名称（氏名）	株式会社　国　税	（フリガナ）あなたの氏名	ウエスギ　タロウ 上杉　太郎 （上杉）
麹　町　税務署長	給与の支払者の法人番号	1 2 3 4 5 6 7 8 9 1 2 3 4		
	給与の支払者の所在地（住所）	東京都千代田区丸の内1-8-5	あなたの住所又は居所	東京都板橋区成増1-2-30

給与の支払者受付印

基・配・所

～記載に当たってのご注意～

◎「基礎控除申告書」と「配偶者控除等申告書」については、次の場合に応じて記載してください。
1　あなたの本年中の合計所得金額の見積額が1,000万円以下で、かつ、配偶者の本年中の合計所得金額の見積額が133万円以下である場合は、「基礎控除申告書」、「配偶者控除等申告書」の順に記載してください。
2　上記1以外で、かつ、あなたの本年中の合計所得金額の見積額が2,500万円以下である場合は、「基礎控除申告書」のみ記載してください（「配偶者控除等申告書」を記載する必要はありません。）。

◎「所得金額調整控除申告書」については、年末調整において所得金額調整控除の適用を受けようとする場合に記載してください。なお、あなたの本年中の主たる給与の収入金額が850万円以下である場合又は「所得金額調整控除申告書」の「要件」欄の各項目のいずれにも該当しない場合には、所得金額調整控除の適用を受けることはできません。

◆ 給与所得者の基礎控除申告書 ◆

○ あなたの本年中の合計所得金額の見積額の計算

所得の種類		収入金額	所得金額
(1)	給与所得	6,080,000円	（裏面「4(1)」を参照）4,424,000円
(2)	給与所得以外の所得の合計額		（裏面「4(2)」を参照）円
あなたの本年中の合計所得金額の見積額（(1)と(2)の合計額）			❶ 4,424,000円

○ 控除額の計算

判定	☑ 900万円以下		(A)	48万円
	□ 900万円超	950万円以下	(B)	
	□ 950万円超	1,000万円以下	(C)	
	□ 1,000万円超	2,400万円以下		
	□ 2,400万円超	2,450万円以下		32万円
	□ 2,450万円超	2,500万円以下		16万円

区分Ⅰ　❷ A（左のA～Cを記載）

基礎控除の額　480,000円

※ 左の「控除額の計算」の表を参考に記載してください。

◆ 給与所得者の配偶者控除等申告書 ◆

○「控除額の計算」の表の「区分Ⅰ」欄については、「基礎控除申告書」の「区分Ⅰ」欄を参照してください。
○「基礎控除申告書」の「区分Ⅰ」欄が(A)～(C)に該当しない場合や「配偶者控除等申告書」の「区分Ⅱ」欄が①～④に該当しない場合は、配偶者控除及び配偶者特別控除の適用を受けることはできません。

（フリガナ）配偶者の氏名 ❸	配偶者の個人番号	配偶者の生年月日
ウエスギ ハナコ	2 2 3 3 4 4 5 5 6 6 7 7	明・大・(昭)・平　60年　7月　15日
上杉　花子	あなたと配偶者の住所又は居所が異なる場合の配偶者の住所又は居所 ❹	非居住者である配偶者 / 生計を一にする事実

○ 配偶者の本年中の合計所得金額の見積額の計算

所得の種類		収入金額	所得金額
(1)	給与所得	1,300,000円	（裏面「4(1)」を参照）750,000円
(2)	給与所得以外の所得の合計額		（裏面「4(2)」を参照）円
配偶者の本年中の合計所得金額の見積額（(1)と(2)の合計額）			* ❺ 750,000円

判定			
□ 48万円以下かつ年齢70歳以上（昭26.1.1以前生）《老人控除対象配偶者に該当》	(①)	配偶者控除
□ 48万円以下かつ年齢70歳未満	(②)	配偶者控除
☑ 48万円超95万円以下	(③)	配偶者特別控除
□ 95万円超133万円以下	(④)	配偶者特別控除

区分Ⅱ　③（上の①～④を記載）

○ 控除額の計算

区分Ⅰ＼区分Ⅱ	①	②	③	④ 95万円超100万円以下	100万円超105万円以下	105万円超110万円以下	110万円超115万円以下	115万円超120万円以下	120万円超125万円以下	125万円超130万円以下	130万円超133万円以下
A	48万円	38万円	(38万円)	36万円	31万円	26万円	21万円	16万円	11万円	6万円	3万円
B	32万円	26万円	26万円	24万円	21万円	18万円	14万円	11万円	8万円	4万円	2万円
C	16万円	13万円	13万円	12万円	11万円	9万円	7万円	6万円	4万円	2万円	1万円
摘要	配偶者控除		配偶者特別控除								

（④は上記「配偶者の本年中の合計所得金額の見積額（(1)と(2)の合計額）」（*印の金額））

❻ 配偶者控除の額　円

配偶者特別控除の額　380,000円

※ 左の「控除額の計算」の表を参考に記載してください。

◎ この申告書の記載に当たっては、裏面の説明をお読みください。

◆ 所得金額調整控除申告書 ◆

○ 年末調整において所得金額調整控除の適用を受けようとする場合は、「要件」欄の該当する項目にチェックを付け、その項目に応じて「☆扶養親族等」欄及び「★特別障害者」欄にその該当する者について記載してください。
なお、「要件」欄の2以上の項目に該当する場合は、いずれか1つの要件について、チェックを付け記載をすることで差し支えありません。
○ 年末調整における所得金額調整控除の額については給与の支払者が計算しますので、この申告書に所得金額調整控除の額を記載する欄はありません。

❼ 要件	
□ あなた自身が特別障害者	（右の★欄のみを記載）
□ 同一生計配偶者(注)が特別障害者	（右の☆欄及び★欄を記載）
□ 扶養親族が特別障害者	（右の☆欄及び★欄を記載）
□ 扶養親族が年齢23歳未満（平10.1.2以後生）	（右の☆欄のみを記載）

☆扶養親族等	（フリガナ）同一生計配偶者又は扶養親族の氏名 ❸	左記の者の個人番号	左記の者の生年月日 明・大・昭・平・令　年　月　日
		あなたと左記の者の住所又は居所が異なる場合の左記の者の住所又は居所	左記の者のあなたとの続柄 / 左記の者の合計所得金額（見積額）円

★特別障害者	特別障害者に該当する事実（裏面「3-2(4)」を参照）

（注）「同一生計配偶者」とは、あなたと生計を一にする配偶者（青色事業専従者として給与の支払を受ける人及び白色事業専従者を除きます。）で、本年中の合計所得金額の見積額が48万円以下（給与所得だけの場合は、給与の収入金額が103万円以下）の人をいいます。

社員の方へ

・年末調整で基礎控除、配偶者（特別）控除、所得金額調整控除を受けるために、年末調整をする時までに作成して会社へ提出します。

基礎控除申告書

年末調整の対象となる者は、ほとんどの者が記載をする必要があります。ただし、あなたの合計所得金額（見積金額）が2,500万円（給与収入額2,695万円）を超える場合には、基礎控除の適用を受けることはできません。

(注) 給与等の収入金額が2,000万円を超える場合には、年末調整の対象となりません。

配偶者控除等申告書

あなたの合計所得金額が1,000万円（給与収入額1,195万円）、またはあなたの配偶者の合計所得金額が133万円（給与収入額2,015,999円）を超える場合は、この控除を受けることはできません。

夫婦の双方がお互いに配偶者特別控除を受けることはできません。

所得金額調整控除申告書

あなたの給与収入額が850万円以下の場合は、この控除を受けることはできません。

書き方

「所轄税務署長」「給与の支払者（名称・法人番号・住所）」欄は、一般的には会社が記載します。

【基礎控除】

❶「あなたの本年中の合計所得金額の見積額」……様式裏面の「各申告書の合計所得金額について」を参照して計算します。

❷「区分Ⅰ」……様式右に掲載の「配偶者控除等申告書」を記載する方は、必ず（A）～（C）の区分を記載します。配偶者（特別）控除額の算定の際に必要となり

ます。

【配偶者控除等】

❸「個人番号」……配偶者、扶養親族等のマイナンバーを記載します。会社が一定の帳簿により管理している場合は、記載は不要です。

❹「非居住者である配偶者」……該当がある場合に○を付します。その場合、右の「生計を一にする事実」欄に年間の送金額を記載します。

❺「配偶者の本年中の合計所得金額の見積額」……❶と同様の方法で計算した結果に基づいて記載します。その結果を「判定」欄にチェックを付し、その該当する番号を「区分Ⅱ」欄に記載します。

❻「配偶者控除の額」「配偶者特別控除の額」……記載例で説明します。「区分Ⅰ」のAと「区分Ⅱ」の③が交わる380,000円を区分Ⅱの③の下の「摘要」欄に表示されている「配偶者特別控除」の欄に記載します。

【所得金額調整控除】

❼「要件」……該当する項目にチェックを付します。控除額は会社が計算しますので、社員が記載する必要はありません。

添付書類

「非居住者である配偶者」に○を付した者……親族関係書類（源泉控除対象配偶者に該当する場合は、扶養控除等申告書提出時）、送金関係書類（外国語で作成のものは、訳文も添付）

【記載例④】 保険料控除申告書

令和２年分　給与所得者の保険料控除申告書

所轄税務署長	給与の支払者の名称（氏名）	株式会社 国 税	（フリガナ）あなたの氏名	ウエスギ タロウ 上杉 太郎 ㊞
麹 町 税務署長	給与の支払者の法人番号	※この申告書の提出を受けた給与の支払者（個人を除きます。）が記載してください。 1 2 3 4 5 6 7 8 9 1 2 3 4		
	給与の支払者の所在地（住所）	東京都千代田区丸の内1-8-5	あなたの住所又は居所	東京都板橋区成増1-2-30

給与の支払者受付印　保

❶ ❷ ❸ ❹

生命保険料控除

区分	保険会社等の名称	保険等の種類	保険期間又は年金支払期間	保険等の契約者の氏名	保険金等の受取人 氏名	あなたとの続柄	新・旧の区分	あなたが本年中に支払った保険料等の金額（分配を受けた剰余金等の控除後の金額）(a)	給与の支払者の確認印
一般の生命保険料	○○生命	養 老	10年	上杉 太郎	上杉 花子	妻	**新**・旧	(a) 25,000円	
	○○生命	養 老	10年	同 上	同 上	同上	新・**旧**	(a) 120,000	
							新・旧	(a)	
							新・旧	(a)	
	(a)のうち新保険料等の金額の合計額 A 25,000円		Aの金額を下の計算式Ⅰ（新保険料等用）に当てはめて計算した金額 ①	（最高40,000円）22,500円			計（①＋②）③	（最高40,000円）40,000円	
	(a)のうち旧保険料等の金額の合計額 B 120,000円		Bの金額を下の計算式Ⅱ（旧保険料等用）に当てはめて計算した金額 ②	（最高50,000円）50,000円			②と③のいずれか大きい金額 ㋑	50,000円	
介護医療保険料	○○生命	介 護	10年	上杉 太郎	上杉 花子	妻		(a) 40,000円	
								(a)	
	(a)の金額の合計額 C 40,000円				Cの金額を下の計算式Ⅰ（新保険料等用）に当てはめて計算した金額		㋺	（最高40,000円）30,000円	
個人年金保険料	○○生命	○○年金	30年	上杉 太郎	上杉 太郎（支払開始日 R30. 4. 1）	本人	**新**・旧	(a) 70,000円	
					支払開始日 . .		新・旧	(a)	
					支払開始日 . .		新・旧	(a)	
	(a)のうち新保険料等の金額の合計額 D 70,000円		Dの金額を下の計算式Ⅰ（新保険料等用）に当てはめて計算した金額 ④	（最高40,000円）円			計（④＋⑤）⑥	（最高40,000円）37,500円	
	(a)のうち旧保険料等の金額の合計額 E 円		Eの金額を下の計算式Ⅱ（旧保険料等用）に当てはめて計算した金額 ⑤	（最高50,000円）円			⑤と⑥のいずれか大きい金額 ㋩	円	

計算式Ⅰ（新保険料等用）※ A、C又はDの金額	控除額の計算式	計算式Ⅱ（旧保険料等用）※ B又はEの金額	控除額の計算式
20,000円以下	A、C又はDの全額	25,000円以下	B又はEの全額
20,001円から40,000円まで	(A、C又はD)×1/2＋10,000円	25,001円から50,000円まで	(B又はE)×1/2＋12,500円
40,001円から80,000円まで	(A、C又はD)×1/4＋20,000円	50,001円から100,000円まで	(B又はE)×1/4＋25,000円
80,001円以上	一律に40,000円	100,001円以上	一律に50,000円

生命保険料控除額計（㋑＋㋺＋㋩）（最高120,000円）　117,500円

※ 控除額の計算において算出した金額に１円未満の端数があるときは、その端数を切り上げます。

地震保険料控除

保険会社等の名称	保険等の種類(目的)	保険期間	保険等の契約者の氏名	保険等の対象となった家屋等に居住又は家財を利用している者等の氏名	あなたとの続柄	地震保険料又は旧長期損害保険料区分	あなたが本年中に支払った保険料等のうち、左欄の区分に係る金額（分配を受けた剰余金等の控除後の金額）Ⓐ	給与の支払者の確認印
△△火災	地震（建物）	7年	上杉 太郎	同上	本人	**地震**・旧長期	35,000円	
□□火災	積立傷害	20年	同上	同上	同上	地震・**旧長期**	20,000	

Ⓐのうち地震保険料の金額の合計額　Ⓑ 35,000円

Ⓐのうち旧長期損害保険料の金額の合計額　Ⓒ 20,000円

地震保険料控除額：Ⓑの金額（最高50,000円）35,000円 ＋ Ⓒの金額（Ⓒの金額が10,000円を超える場合は、Ⓒ × 1/2+5,000円）※（最高15,000円）15,000円 ＝（最高50,000円）50,000円

社会保険料控除

社会保険の種類	保険料支払先の名称	保険料を負担することになっている人 氏名	あなたとの続柄	あなたが本年中に支払った保険料の金額
				円 ❹
合計（控除額）				円

小規模企業共済等掛金控除

種類	あなたが本年中に支払った掛金の金額
独立行政法人中小企業基盤整備機構の共済契約の掛金	円
確定拠出年金法に規定する**企業型**年金加入者掛金	❹
確定拠出年金法に規定する**個人型**年金加入者掛金	
心身障害者扶養共済制度に関する契約の掛金	
合計（控除額）	円

◎ この申告書の記載に当たっては、裏面の説明をお読みください。

社員の方へ

・生命保険料控除などを受けるために、年末調整をする時までに作成して会社へ提出します。

・各控除額の具体的な計算は、第３章❷を参照してください。

・控除限度額の計算は、有利な方法を選択できます。

書き方

「所轄税務署長」「給与の支払者（名称·法人番号·住所）」欄は、一般的には会社が記載します。

【生命保険料控除】

❶　「一般の生命保険料」などの区分及び「新·旧の区分」は、保険会社等から本人あてに送付される保険料控除証明書等により確認してください。

❷　「保険金等の受取人」……本人又は配偶者や親族であることが必要です。

【地震保険料控除】

❸　「地震保険料又は旧長期損害保険料区分」……保険会社等から本人あてに送付される保険料控除証明書等により確認してください。

【社会保険料控除・小規模企業共済等掛金控除】

❹　給与から天引きされた保険料や掛金以外を記載します。

添付書類

保険会社等が発行した証明書類（生命保険料控除証明書など）

（注）1　一般生命保険料の旧生命保険料に限り、一契約の保険料が9,000円以下の場合は添付不要です。

2　社会保険料については、国民年金の保険料等（社会保険料（国民年金保険料）控除証明書など）のみ添付が必要で、それ以外の健康保険料や介護保険料などは添付する必要はありません。

【記載例⑤】 源泉徴収簿（本年最後に支払う給与での年末調整）

令和2年分 給与所得・退職所得に対する源泉徴収簿

甲欄（○）・乙欄

所属	営業課	職名	主任	住所	（郵便番号 175－0094）東京都板橋区成増1-2-30	氏名	（フリガナ）ウエスギ タロウ 上杉 太郎（生年月日 明・大・㊐・平・令 58年 8月 31日）	整理番号	005

区分	月区分	支給月日	総支給金額	社会保険料等の控除額	社会保険料等控除後の給与等の金額	扶養親族等の数	算出税額	年末調整による過不足税額	差引徴収税額
給料・手当等	1	1 24	380,000 円	54,663 円	325,337 円	3 人	4,490 円	円	4,490 円
	2	2 25	380,000	54,663	325,337	3	4,490		4,490
	3	3 25	380,000	54,663	325,337	3	4,490		4,490
	4	4 24	380,000	54,663	325,337	3	4,490		4,490
	5	5 25	380,000	54,663	325,337	3	4,490		4,490
	6	6 25	380,000	54,663	325,337	3	4,490		4,490
	7	7 22	380,000	54,663	325,337	3	4,490		4,490
	8	8 25	380,000	54,663	325,337	3	4,490		4,490
	9	9 25	380,000	54,663	325,337	3	4,490		4,490
	10	10 23	380,000	54,663	325,337	3	4,490		4,490
	11	11 25	380,000	54,663	325,337	3	4,490		4,490
	12	12 25	380,000	54,663	325,337	3	0	△12,136	△12,136
	計		① 4,560,000	② 655,956	3,904,044		③ 49,390	△12,136	37,254
賞与等		6 30	760,000	109,326	650,674	3	（税率 4.084 %）26,573		26,573
		12 15	760,000	109,326	650,674	3	（税率 4.084 %）26,573		26,573
							（税率 %）		
							（税率 %）		
	計		④ 1,520,000	⑤ 218,652	1,301,348	3	⑥ 53,146		53,146

前年の年末調整に基づき繰り越した過不足税額 円

同上の税額につき還付又は徴収した月区分	月別	還付又は徴収した税額	差引残高	月別	還付又は徴収した税額	差引残高
	月	円	円	月	円	円

扶養控除等の申告（㊒・無）

申告の有無	源泉控除対象配偶者	一般の控除対象扶養親族	特定扶養親族	老人扶養親族 同居老親等	老人扶養親族 その他	障害者等	該当するものを○で囲んでください。	従たる給与から控除する源泉控除対象配偶者と控除対象扶養親族の合計数	配偶者の有無
当初	㊒・無	当初 人	当初 人	当初 人	当初 人	当初 2人	・一般の障害者 本人・配・扶（ 人） ・特別障害者 本人・配・扶（ 人） ・同居特別障害者 配・㊕（1人） ・寡婦・特別の寡婦 ・寡夫 ・勤労学生	当初 人	㊒
月 日	有・無	月 日 人	月 日 人	月 日 人	月 日 人	月 日 人		月 日 人	無
月 日	有・無	月 日 人	月 日 人	月 日 人	月 日 人	月 日 人			

年末調整

区分	金額	税額
給料・手当等	① 4,560,000 円	③ 49,390 円
賞与等	④ 1,520,000	⑥ 53,146
計	⑦ 6,080,000	⑧ 102,536
給与所得控除後の給与等の金額	⑨ 4,424,000	※ 所得金額調整控除申告書の提出がある場合は⑩に記載。
所得金額調整控除額（※）（(⑦－8,500,000円)×10%、マイナスの場合は0）	⑩（1円未満切上げ、最高150,000円）	
給与所得控除後の給与等の金額（調整控除後）（⑨－⑩）	⑪ 4,424,000	
社会保険料等控除額 給与等からの控除分（②＋⑤）	⑫ 874,608	配偶者の合計所得金額（750,000 円）
社会保険料等控除額 申告による社会保険料の控除分	⑬	旧長期損害保険料支払額
社会保険料等控除額 申告による小規模企業共済等掛金の控除分	⑭	（20,000 円）
生命保険料の控除額	⑮ 117,500	⑫のうち小規模企業共済等掛金の金額
地震保険料の控除額	⑯ 50,000	
配偶者（特別）控除額	⑰ 380,000	（ 円）
扶養控除額及び障害者等の控除額の合計額	⑱ 750,000	⑬のうち国民年金保険料等の金額
基礎控除額	⑲ 480,000	
所得控除額の合計額（⑫＋⑬＋⑭＋⑮＋⑯＋⑰＋⑱＋⑲）	⑳ 2,652,108	（ 円）
差引課税給与所得金額（⑪－⑳）及び算出所得税額	㉑（1,000円未満切捨て）1,771,000	㉒ 88,550
（特定増改築等）住宅借入金等特別控除額		㉓
年調所得税額（㉒－㉓、マイナスの場合は0）		㉔ 88,550
年調年税額（㉔×102.1％）		㉕（100円未満切捨て）90,400
差引（超過額）又は不足額（㉕－⑧）		㉖ 12,136
超過額の精算 本年最後の給与から徴収する税額に充当する金額		㉗
超過額の精算 未払給与に係る未徴収の税額に充当する金額		㉘
超過額の精算 差引還付する金額（㉖－㉗－㉘）		㉙ 12,136
超過額の精算 同上のうち 本年中に還付する金額		㉚ 12,136
超過額の精算 同上のうち 翌年において還付する金額		㉛
不足額の精算 本年最後の給与から徴収する金額		㉜
不足額の精算 翌年に繰り越して徴収する金額		㉝

（注） 令和２年分の様式には、「ひとり親」の表示はありません。該当がある場合には、「扶養控除等の申告」欄にその旨を表示するなど、適宜の方法により記載してください。

❷ 扶養控除等各種申告書の保存義務

給与の源泉徴収や年末調整などで、社員等から提出を受ける各種申告書は、本来は会社を経由して、所轄税務署へ提出しなければならないことになっています。

しかし、これらの書類は、源泉徴収をする際に定期的に使用するものであり、会社の手元にあった方が便利などの理由から、税務署から提出を求められない限り、給与等の支払者である会社が保存することとされています。

給与所得の源泉徴収に関して会社が社員から提出を受けた扶養控除等各種申告書は、いずれもその申告書の提出期限の年の翌年１月10日の翌日から７年間保存しなければなりません。

例えば、令和２年分の給与所得について、最初の給与支払時までに提出を受ける「扶養控除等申告書」や年末調整時までに提出してもらう「配偶者控除等申告書」（兼用様式）などは、令和３年１月11日から７年間保存しなければならないことになります。

参考法令　所規76の3、措規18の23⑤

❸ 給与所得者と確定申告

給与所得者（社員など）であっても、所得税の確定申告をしなければならない場合があります。また、確定申告をすることによって、源泉徴収された税額が還付される場合もあります。

なお、以下の申告要件には、「収入金額」と「所得金額」が使い分けされていますので、注意してください。

1　確定申告をしなければならない人（申告義務のある人～主なもの～）

(1)　給与の年間収入金額が2,000万円を超える人

(2)　1か所から給与の支払を受けている人で、給与所得及び退職所得以外の所得の合計額が20万円を超える人

(3)　2か所以上から給与の支払を受けている人で、主たる給与以外の従たる給与の収入金額と給与所得及び退職所得以外の所得との合計額が20万円を超える人

(注)　給与所得の収入金額から、雑損、医療費、寄附金、基礎控除以外の各所得控除の合計額を差し引いた金額が150万円以下で、給与所得及び退職所得以外の所得の金額の合計額が20万円以下の人は、申告の必要はありません。

(4)　同族会社の役員などで、その同族会社から貸付金の利子や資産の賃貸料などを受け取っている人

2　確定申告をすれば源泉徴収税額が戻る人（還付申告～主なもの～）

(1)　年の途中で退職し、年末調整を受けずに源泉徴収税額が納め過ぎとなっている人

(2)　一定の要件のマイホームの取得などをして、住宅ローンがある人

(3)　災害や盗難などで資産に損害を受けた人

(4)　多額の医療費を支出した人や特定の寄附をした人

なお、給与所得者の場合、「給与所得及び退職所得以外の所得の合計額が20万円以下」の場合（上記1の(2)に該当しない場合）は確定申告の

必要はありませんが、還付申告をするときは、これらが20万円以下であっても、その全てについて申告する必要があります。

還付申告書は、確定申告期間とは関係なく、その年の翌年１月１日から５年間提出することができます。

参考法令　所法120～122

給与所得と還付申告

所得税法上、還付申告は「することができる」と規定されています。すなわち、還付申告は、申告者自身の判断で行うということであり、そのためには、どのような場合に申告できるかを知っておく必要があります。以下、給与所得者に多く見られる還付申告事例について説明します。

なお、給与所得者の還付申告は、源泉徴収税額があることが前提となりますので、源泉徴収票の「源泉徴収税額」欄（複数ある場合はその合計額）を必ず確認してください。

給与所得者が還付申告を行う際の「源泉徴収票」の添付は、平成31年４月１日以後は不要となりました。

(1)　医療費控除

一般的には、年間支払医療費の額が10万円を超えると、還付申告ができるとされています。

ただし、所得金額が200万円未満の場合は、10万円ではなくその所得の５％相当額とされています。例えば、パート収入が年間180万円の場合、給与所得控除後の所得金額は118万円、その５％相当額は59,000円ですので、この金額を超える部分の医療費が控除の対象となります。

(2)　ふるさと納税

ふるさと納税（寄附）をした場合、確定申告をすることにより、所得税が還付され、住民税も減額されます。

例えば、30,000円のふるさと納税をした場合、2,000円を控除した28,000円が所得税と住民税に充てられることとなり、実質的な負担額は2,000円と一般的には説明されています。ただし、申告者の収入額、扶養控除等の状況、ふるさと納税額などにより、2,000円以上の負担となる場合があります。

なお、他に確定申告をする必要がない給与所得者で、寄附先自治体が5か所以下の場合には、その自治体に一定の手続をするだけで申告をせずに済むワンストップ特例制度があります。この場合、上記の例の28,000円は、全額住民税から減額されます。

(3) 中途退職など

年の中途で退職しその後就職していない者や扶養控除等申告書を提出していない者などは、年末調整が行われていませんので、一般的には確定申告をすることにより、源泉徴収された税額が還付されます。ちなみに、源泉徴収票の「給与所得控除後の金額」欄及び「所得控除の額の合計額」欄が空欄となっている場合は、年末調整は行われていません。

(4) 副　業

副業先で源泉徴収されている場合は、申告することにより、一般的には還付されるケースが多いと思われます。

また、給与所得者について、他の所得が20万円以下の場合、申告しなくともよいとされていますが、この所得に源泉徴収税額がある場合（原稿料、講演料など）には、申告することにより、還付される場合もあります。

(5) 年末調整での控除漏れ

年末調整ができる期間を過ぎて（通常、源泉徴収票の交付後）生命保険料控除などの各種控除漏れに気づいた場合は、確定申告をすることにより、税額の還付を受けることができます。

【還付申告ができる期間（5年間）】

令和２年12月31日までに還付申告をすることができるのは、平成27年分以降です。

令和元年分については、令和６年12月31日までに還付申告をすることができます。

給与所得者と住民税

給与所得者の住民税は、所得税の源泉徴収と同様に会社が徴収して市区町村に納付する特別徴収の方式によっています。

令和元年分の所得について説明しますと、令和２年１月末までに会社が市区町村へ提出する「給与支払報告書」又は社員が所得税の確定申告をした場合にはその申告に基づき、住民税額が決定されます。決定された住民税の額は、同年５月中に会社に通知され、６月から翌年の５月まで12回に分けて会社が特別徴収をして、各市区町村へ納付します。

所得税の還付申告をした場合には、住民税の申告も併せてしたものとみなされますので、特段の手続をせずに住民税も減額されます。

住民税の場合は、税額が還付されるというのではなく、以後の住民税額が減額される仕組みとなっています。

〔第４節〕　海外勤務者（非居住者）に支払う給与

海外との取引等の活発化に伴い、海外に拠点を設置し、そこに役員や社員を派遣するケースが多くなってきています。

海外取引に係る源泉徴収には、様々な対価がその対象となっていますが、本稿では役員や社員の海外支店等への転勤や出向に伴う源泉徴収の問題について、解説することとします。

❶　海外へ派遣する場合

社員が、１年以上の予定で海外の支店などに転勤し又は海外子会社に出向した場合は、出国した時から非居住者となります。

居住者と非居住者では、次表のとおり、課税所得の範囲や課税方法が異なりますので、給与等を居住者の時に支払ったものと、非居住者となってから支払ったものがある場合は、それらを区分した上で源泉徴収の問題を整理することになります。

〈居住者と非居住者の課税所得の範囲等〉

区　分		課税所得の範囲	課税方法	給与等の源泉徴収税率
居住者	国内に住所を有し、又は現在まで引き続いて国内に１年以上居所を有する個人	国の内外で生じた全ての所得（全世界所得）	申告納税又は源泉徴収	税額表
非居住者	国内に住所も１年以上の居所も有しない個人	国内でのみ稼得した所得（国内源泉所得）	申告納税又は源泉徴収（注）	20.42％

（注）　源泉分離課税（源泉徴収で課税関係が完結）が適用されます。

まず、社員等が海外に出国する日までに、その者の出国までに支払の確定した給与等を対象として年末調整をしなければなりません。

所得から差し引かれる配偶者控除や扶養控除は、出国する時の状況により判定することになりますが、社会保険料や生命保険料などの控除は、出国する日までに支払われたものだけに限られます。

次に、出国後に支払う給与等ですが、出国後の社員等は非居住者となりますので、次のように、国内勤務の者とは異なる取扱いになります。

（１）役　　　　員

会社の役員（支店長など社員として勤務している場合を除きます。）としての海外勤務に対する給与等は国内源泉所得とみなされ、非居住者に支払う所得として20.42％の税率で源泉徴収が必要です。

ただし、役員の給与等に対する課税については、国内法に優先して適用される各国との租税条約により取扱いが異なる場合がありますので、その内容を確認しておく必要があります。

（２）社　　　　員

社員の海外勤務に対する給与等は、国内源泉所得ではありませんので、源泉徴収の必要はありません。

ただし、出国後に支払われるボーナスなどの計算期間に、日本で勤務した期間が含まれている場合には、その勤務期間に対応する金額は非居住者に支払う国内源泉所得として20.42％の税率で源泉徴収が必要です。

なお、給与等の計算期間の中途で出国した場合、この計算期間が１か月以下であれば、その全てが国内勤務に係るものでない限り、たとえ日本での勤務期間が含まれていても国外源泉所得とみなして源泉徴収をしなくてよいことになっています。

コラム

海外転勤社員に支払う家屋等の賃借料

海外へ転勤した社員が所有する家屋を社宅として借上げ、会社が賃借料を支払うケースはよくあることです。

海外へ転勤した社員は非居住者に該当しますので、賃借料を支払う際に、非居住者等所得（不動産の賃貸料）に係る源泉徴収が必要となります。（所法161①七、212①）

この場合、当該社員（非居住者）は、この賃貸料について所得税の確定申告をすることにより、源泉徴収された税額を精算することができます。

❷ 海外から帰国した場合

海外の支店等から帰国して国内勤務となった社員に支払う給与等（帰国以後に支給期が到来するものに限ります。）に対しては、その所得が海外の支店等で生じたかどうかを問わず、居住者となった以後に支払うものですので、その総額を居住者に対する給与等として源泉徴収をする必要があります。

また、その年の年末調整は、帰国日以後に「扶養控除等申告書」が提出されていれば､帰国してから年末までの給与等を対象として行います。

この場合、社会保険料控除、小規模企業共済等掛金控除、生命保険料控除及び地震保険料控除については、帰国日以後に支払ったものが対象とされるほかは、本店勤務の社員と同様の取扱いになります。

【海外勤務期間が変更になった場合】

業務の都合により、海外の勤務期間に変更があった場合は、その時に居住者か非居住者かの判定を行うことになりますが、遡及して変更されることはありません。

例えば、１年以上の予定で出国した者が業務都合で１年未満となった場合には、その時から居住者となります。出国時に遡って居住者となるわけではありません。逆に１年未満の予定で出国した者が、業務の都合で海外勤務が１年以上となる場合は、その時から非居住者として取り扱われます。(所基通２－１、３－３)

参考法令　所法２①三・五、５、７、164、190、212、213、所令285、所基通85－１、161－43、190－１

第5章
課税されない手当等

給与所得の範囲については、給料などのほかに原則として各種手当も含まれる旨を第２章で説明しました。これらの支払も雇用関係等に基づく勤労の対価と考えられるからです。

しかしながら、会社が支払う手当等には様々なものがあり、中には実費弁償のような、社員にとっては必ずしも利益とはならないものもあります。このようなことに配慮して、会社が支払う一定のものについては、課税されないものとして源泉徴収の対象から除外しており、その内容は次表のとおりです。

〈課税されない手当等〉

<table>
<tr><th>項目</th><th colspan="3">課税されない範囲</th><th>参考法令</th><th>参照設例</th></tr>
<tr><td>通勤手当等</td><td colspan="3">1か月当たりの合理的な運賃等の額（最高限度150,000円）</td><td>所法9①五
所令20の2</td><td>Q5-1</td></tr>
<tr><td rowspan="5">旅費</td><td colspan="2">原則的取扱い</td><td>出張、転任・転居、赴任旅費などとして支給するもので、通常必要と認められる額
【「通常必要」の基準】
①会社の役員や社員の全てを通じてバランスが保たれた基準によって計算されていること
②同業種、同規模の他の会社に比べて相当額と認められること</td><td>所法9①四
所基通9-3</td><td>Q5-2
Q5-3</td></tr>
<tr><td rowspan="4">個別的取扱い</td><td>年額・月額支給</td><td>原則課税
ただし、明確に上記「原則的取扱い」の旅費に相当する場合は課税されません。</td><td>所基通28-3</td><td>——</td></tr>
<tr><td>非常勤役員等の出勤費用</td><td>非常勤の役員、顧問、相談役等に対して支給する出勤のために直接必要な費用で、社会通念上合理的な理由があるもの</td><td>所基通9-5</td><td>——</td></tr>
<tr><td>単身赴任者の帰宅旅費</td><td>単身赴任者が会議等の職務に付随して帰宅した場合の旅費で、その額が上記「原則的取扱い」の範囲を逸脱しない額</td><td>昭60直法6-7</td><td>Q5-4</td></tr>
<tr><td>着後滞在費</td><td>課税</td><td>——</td><td>——</td></tr>
</table>

宿日直料	１回につき4,000円までの額（食事の支給がある場合はその金額を控除した額)。 ただし、宿日直を本来の職務とする人は、給与として課税されます。	所基通28-1	——
交際費等	いわゆる渡切交際費は課税。 ただし、会社業務としての使用実績が明らかなものは、課税されません。	所基通28-4	——
結婚祝金品等	雇用契約等に基づいて支給する結婚、出産等の祝金品で社会通念上相当と認められる額	所基通28-5	Q5-5
葬祭料、香典、見舞金等	葬祭料、香典、災害等の見舞金で、社会通念上相当と認められる額	所基通9-23	
労働基準法等の規定による各種補償金	療養の給付や休業補償など	所法9①三イ 所令20①	
学資金	通常の給与に加算して支給する社員本人の学資金	所法9①十五 所基通9-14～9-16	Q5-6
在勤（在外）手当	国外の勤務地の物価等の状況から見て、国内勤務の場合に比べ利益を受けると認められない部分の額	所法9①七 所令22	——
発明報償金等	支給の内容や職務の範囲内の行為かどうかにより、給与所得かそれ以外の所得（譲渡・一時・雑所得）として課税されます。	所基通23～35共-1	Q5-7
確定給付企業年金規約等に基づく掛金等	社員のために支出した掛金、保険料、信託金等。 なお、社員が受ける年金などは、それぞれの内容に応じ、社員の雑所得、退職所得、一時所得又は給与所得として課税されます。	所令64 82の4	——

Q 5-1　通勤手当

社員に支給する通勤手当は、課税されないと聞きましたが本当でしょうか。

A　一定の限度額までは、非課税となっています。

役員や社員に通常の給与に加算して支給する通勤手当や通勤用定期乗車券などは、次表のとおり、１か月当たりの運賃等の一定額までは課税されないことになっています。なお、通常の給与に含めてこれらを支給している場合には、原則として課税となります（次ページコラム参照）。

次表を適用する際、次の点に注意してください。

(1) 「合理的な運賃等の額」とは、通勤のための運賃、時間、距離等を勘案して最も経済的かつ合理的な通勤経路等による運賃又は料金の額をいいます。

　したがって、新幹線の特急料金は「合理的な運賃等の額」に含まれますが、グリーン料金は含まれません。

(2) 「運賃等の額」には、消費税相当額が含まれますので、表の「課税されない金額」は消費税を含めたところで判断します。なお、課税されない通勤手当や通勤用定期乗車券の額は、消費税の計算上、課税仕入れとなります。

(3) パートやアルバイトなどの短期雇用者であっても、日割額ではなく月額により判定します。

〈課税されない通勤手当等〉

支給区分	通勤手段			課税されない金額（１か月当たり）
通勤手当	①交通機関又は有料道路			合理的な運賃等の額 （最高限度　150,000円）
	②交通用具 （自動車、自転車など）	通勤距離 （片道）	2km未満	（全額課税）
			2km以上10km未満	4,200円
			10km以上15km未満	7,100円
			15km以上25km未満	12,900円
			25km以上35km未満	18,700円
			35km以上45km未満	24,400円
			45km以上55km未満	28,000円
			55km以上	31,600円
通勤用定期乗車券	③交通機関			合理的な運賃等の額 （最高限度　150,000円）
通勤手当と 通勤用定期乗車券	④交通機関又は有料道路と交通用具			合理的な運賃等の額＋②の額 （最高限度　150.000円）

参考法令　所法９①五、所令20の２、所基通９－６の３、平26課法９－１

「通常の給与に加算して」の意味

非課税とされる通勤手当は、「通常の給与に加算して」という条件付きです。つまり、一般的にいう給与の計算とは別に、通勤手当などの名目で支給を受けるものをいいます。

したがって、例えば給与の総額が300,000円で、この中に通勤費相当額20,000円を含んでいるとしても、「通常の給与に加算して」の条件に該当しませんので、給与総額300,000円に対して、源泉徴収をする必要があります。

テレワークと通勤手当

新型コロナウイルスの感染症の拡大を奇禍として、在宅勤務いわゆるテレワークが定着しつつあります。

テレワーク下における通勤手当の支給は、「通勤しない」ものに対するものであることから、非課税でよいのかという疑念が生じます。通勤手当の非課税の取扱いは、「通勤する」ことが前提とされているからです。

しかしながら、今般のようなテレワークの実施により、社員が会社に通勤しない場合であっても、①社員の本来の勤務地は会社であること、②テレワークの実施期間中に社員が必ずしも通勤しないとは限らないことなどを考慮すると、非課税となる通勤手当と考えて問題ありません。会社が通勤手当を支給することに一定の合理性（社員の出社の可能性など）が認められれば、単にテレワークだからといって課税されることはないものと考えます。

また、このようなケースでの通勤手当の非課税の判定においては、受給した社員が、結果的に「通勤した」又は「通勤しなかった」という実績は関係ありません。

ただし、テレワーク実施期間中の定期券の払戻額や勤務形態を原則テレワークに変更した場合の通勤手当相当額（出社した場合の交通費実費相当額は除きます。）を「テレワーク手当」等として社員に支給する場合は、非課税となる通勤手当とはいえませんので、このような場合には、給与として源泉徴収をしなければなりません。

Q 5－2　出張旅費

業務の性質上、遠隔地への出張が頻繁にあります。これに伴い、社員に出張旅費を支給することとしていますが、全て非課税と考えてよいでしょうか。

A　その出張に必要な費用に充てられる部分の金額は、非課税となりますので、源泉徴収の必要はありません。

一般に出張旅費とは、本来の勤務地を離れて他の場所で仕事をする場合に生ずる費用で、具体的には、運賃、宿泊費、日当などをいいます。

社員に対し支給するこれらの旅費については、実費弁償的な側面もあることから、旅行の目的、目的地、行路や期間の長短、宿泊の要否、社員等の職務内容、地位などからみて、「通常必要」なものは、非課税として取り扱われています。「通常必要」かどうかは、出張旅費として支給する額が、①会社の役員、社員の全てを通じて適正なバランスが保たれている基準によって計算されているか、②同業種、同規模の他社との水準に照らしてどうか、といったことを勘案して判定することとされています。

食事などの費用に充てるために支給される「日当」についてもこの基準の範囲内であれば、たとえ剰余金が生じたとしても課税されません。

出張旅費については、日当なども含めて社内の全員に適用される社内規程を作成し、それに基づき支給することをおすすめします。そうすることにより、少なくとも上記①の条件をクリアすることができ、支給する旅費の額がよほど高額とならない限り、課税されないと考えます。

参考法令　所法９①四、所基通９－３

Q 5-3　研修旅行の費用

各地の支店に配属した新人を対象に、本社で１週間の予定で研修を行います。その際に支給する旅費等は非課税でよいと考えますが、いかがでしょうか。

A　**貴社の業務を行うために必要な費用と認められる限り、課税されることはありません。**

社内研修に参加した者に支給する交通費、宿泊費や日当などは、この研修が会社の業務を行うために直接必要である場合に限り、給与等として課税されることはありません。

しかしながら、同じ「研修旅行」という名目であっても、会社主催の研修ではなく、例えば、次のような研修旅行に社員を参加させ、その費用を会社が負担する場合があります。

⑴　同業者団体の主催する、主に観光旅行を目的とした団体旅行

⑵　旅行のあっせん業者などが主催する団体旅行

⑶　観光渡航の許可をもらい海外で行う研修旅行

このような旅行は、たとえ「研修旅行」であるとしても、原則として、会社の業務を行うために直接必要なものとは認められませんので、参加した者の給与所得として源泉徴収しなければなりません。

なお、研修旅行の費用に、会社の業務と業務以外の部分が混在している場合は、合理的な基準でその費用を按分し、直接必要でない部分の額は、参加した社員の給与として源泉徴収をすることになります。

参考法令　所法９①四、所基通37－17～37－22

Q 5-4　単身赴任者の職務に伴う帰宅旅費

札幌支店に単身赴任をしている社員が、この度、東京本社での会議に出席することになりました。この出張に併せて帰宅する予定であり、帰宅日についても旅費日当を支給します。

帰宅日分も含めて、非課税と考えてよいでしょうか。

A　職務遂行上必要な旅行と認められ、当該旅費の額が非課税とされる旅費の範囲を著しく逸脱しない限り、非課税として取り扱って差し支えありません。

この例は、本社会議に伴う業務上の旅行と、併せて、帰宅という私的な部分の旅行が含まれているケースです。このような場合には、本来ならば、会社が負担した旅費総額を旅行期間等に按分して、帰宅部分は給与として課税すべきという考え方もあります。

しかしながら、社員は、配偶者又は扶養親族がありながら単身で赴任したという事情や、一方で、往復の交通費は帰宅が加わったとしても増額部分はほとんどないと見込まれます。

これらのことを考慮して、単身赴任者が、このような旅行を行った場合に支給される旅費については、旅行の目的、行路等からみて、職務遂行上必要な旅行と認められ、かつ、当該旅費の額が非課税とされる旅費の範囲を著しく逸脱しない限り、帰宅部分も含めて非課税として取り扱うこととしています。具体的には、職務を行う前後併せて２日以内の拘束しない日（帰宅日）があったとしても、「職務遂行上必要な旅行」と認め、帰宅日の日当、宿泊料についても非課税として取り扱われます。

参考法令　所基通９－３、昭60直法６－７

Q 5-5　結婚祝金品、見舞金など

社員の結婚などの慶弔に当たり、金品を支給することを考えています。非課税と考えてよいでしょうか。

A　社会通念上相当と認められる額であれば、課税されません。

会社が役員や社員に対して、労働協約や就業規則又は慣習等により、結婚祝、出産祝や香典、災害等の見舞金を支給する場合があります。

このような場合、一定の要件を満たせば課税されません。

1　結婚祝金品等

役員や社員の地位に基づいて支給するものですので、給与等として課税されるのが原則ですが、そのことのみをもって、一般的な慣習として行われている程度の贈答にまで課税するのは適当ではありません。

このことから、結婚祝金品等の額が社員等の地位に照らし、社会通念上相当と認められるものについては、課税しなくても差し支えないこととされています。

この場合、「一般的な慣習」かどうかが問題となりますが、例えば、社員の結婚や出産、成人、子供の入学祝などは一般的な慣習と認められる一方、役員等の米寿のお祝いなどは、会社が行う一般的な慣習には当たらないと考えます。

また、誕生日祝いについては、「一般的な慣習」かどうか疑義のあるところですが、誕生日は雇用が継続している限り毎年発生することからみると、その祝金は一種の手当とも考えられますので、非課税とはならないと考えます。

なお、この非課税となる祝金品は、当事者への支給に限られますので、

例えば、部下の結婚式に上司が出席する場合に会社が補助する出席費用は、上司に対する給与等として課税され、この場合は源泉徴収が必要です。

２　葬祭料、香典、見舞金等

葬祭料、香典、見舞金等の支給についても、広く社会的な慣習として行われていることに鑑み、これらの支給する金品の額が社員等の地位などに照らして社会通念上相当と認められるものについては、非課税として取り扱われます。

また、労働基準法等の規定による療養の給付や費用、休業補償、障害補償などの各種補償金についても同様に非課税として取り扱われます。

参考法令　所基通９－23、28－５

Q 5-6　学資金

いわゆる学資金は非課税と聞きましたが、本当でしょうか。

A　学校の授業料など、一定の要件を満たしていれば非課税となります。

会社が社員の学資に充てるために支給する金品（学資金）は雇用関係等に基づくものとして、原則として給与課税の対象となります。

ただし、学資金のうち、会社が通常の給与に加算して支給するもので、次の場合を除き非課税とされます。裏を返せば、次のイ又はロに該当する場合には、給与として源泉徴収をする必要があります。

イ　役員の学資に充てるために支給するもの

ロ　役員や社員の配偶者や子供など特別の関係がある者の学資に充てるために給付するもの（家族手当と同様の性質を有するためです。）

ただし、「通常の給与に加算して」という前提条件がありますので、たとえば本来受けるべき給与の額を減額した上でそれに相当する額を学資金として支給するような場合には非課税とはなりません。

会社から学資金を貸与（奨学金など）された学生が、卒業後当該会社に入社するケースがありますが、入社の一定期間後にこの返済を免除された場合に生ずる債務免除益なども、非課税とされる学資金として取り扱われます。

参考法令　所法９①十五、所令29、所基通９－14～９－16

Q 5-7　発明報償金など

当社の業務上の改善に関する有益な考案をした社員に対し、表彰金を支給することになりました。課税上の取扱いを教えてください。

A　**考案等がその社員の職務の範囲内で行われた場合には、給与所得となり源泉徴収が必要となります。**

業務上有益な発明や考案などをした社員に対して、報償金、表彰金、賞金等を支給する場合があります。

これらの課税上の取扱いは、以下のとおりです。

1　給与所得となるもの

次のものは、社員の給与所得として支給の際に源泉徴収が必要となります。

(1)　事務や作業の合理化、製品の品質の改善や経費の節約等に寄与する特許や実用新案登録、意匠登録を受けるに至らない工夫、考案等をした社員等に対して支給するもので、考案等がその者の通常の職務の範囲内の行為である場合

(2)　災害等の防止又は発生した災害等による損害の防止などに功績のあった社員等に対して一時に支給するもので、その防止などがその人の通常の職務の範囲内の行為である場合

2　給与所得以外の所得となるもの

次表に掲げるものは、社員の給与以外の所得となります。

〈報償金等の内容と所得区分〉

<table>
<tr><th colspan="2">内　　容</th><th>所得区分</th></tr>
<tr><td rowspan="2">業務上有益な発明、考案又は創作をした社員等に対して、その発明、考案又は創作に関する特許や実用新案登録、意匠登録を受ける権利又は特許権、実用新案権、意匠権を会社が承継することにより支給するもの</td><td>権利の承継に際し一時に支給するもの</td><td>譲渡所得</td></tr>
<tr><td>権利を承継した後において支給するもの</td><td>雑所得</td></tr>
<tr><td colspan="2">使用者原始帰属制度（特許法第35条）に基づき、会社が契約、勤務規則その他の定めにより職務発明に係る特許を受ける権利を取得した場合に支給するもの</td><td>雑所得</td></tr>
<tr><td colspan="2">役員又は社員が取得した特許権、実用新案権や意匠権について通常実施権又は専用実施権を設定したことにより支給するもの</td><td>雑所得</td></tr>
<tr><td rowspan="2">上記１⑴の考案等が社員等の通常の職務の範囲外の行為である場合に支給するもの</td><td>一時に支給するもの</td><td>一時所得</td></tr>
<tr><td>考案等の実施後の成績などに応じ継続的に支給するもの</td><td>雑所得</td></tr>
<tr><td colspan="2">上記１⑵の功績が社員等の通常の職務の範囲外の行為である場合に支給するもの</td><td>一時所得</td></tr>
<tr><td colspan="2">篤行者として社会的に顕彰され会社に栄誉を与えた社員等に対して一時に支給するもの</td><td>一時所得</td></tr>
</table>

（注）　報酬・料金等として、源泉徴収が必要な場合もあります。

参考法令　所基通23～35共－１

コラム

社員が確定申告をしなければならない場合

上表の所得区分に掲げる所得について、これらの所得金額が20万円を超えると、社員は確定申告をしなければなりません。

この20万円は所得金額ですので、会社からもらった金額そのものではなく、経費などがあれば、それらを差し引いた金額で判断します。

例えば、雑所得となる場合には、交通費や書籍の購入費用など、必要経費になる場合がありますので、確認してください。雑所得として申告する場合には、これらの領収書等は手元に保管しておく必要があります。

第6章
現物給与

❶ 現物給与とは

1　現物給与の範囲

給与は、金銭で支払うのが普通ですが、金銭に代えて次表に掲げるような物又は権利その他の経済的利益で支給することがあります。

これらの経済的利益を一般に現物給与といい、原則として金銭に評価した額（本章❷参照）が社員等の給与所得の収入金額とされ、その現物を支給した時（次表（参考）欄）に給与の支払があったものとされます。

現物給与は、金銭支給と異なり、①職務の性質上欠くことのできないもので主として会社の業務遂行上の必要から支給するもの、②換金性に欠けるもの、③その評価が困難なもの、④受給する社員等に物品などの選択の余地がないものなどの側面があるため、特定の現物給与については、課税上金銭で支払う給与とは異なった取扱いが定められています。

〈物や権利などの経済的利益〉

経済的利益の内容	（参考）収入すべき時期
①　物品その他の資産を無償又は低い価額により譲渡したことによるもの	譲渡をした時
②　土地、家屋、その他の資産（③の金銭を除きます。）を無償又は低い対価により貸し付けたことによるもの	各月ごとにその月の末日
③　金銭を無利息又は通常の利率よりも低い利率で貸し付けたことによるもの	各月ごとにその月の末日又は1年を超えない一定期間ごとのその期間の末日（事業年度末など）
④　福利厚生施設の利用など②及び③以外の用役を無償又は低い対価により提供したことによるもの	同　上
⑤　個人的債務を免除又は負担したことによるもの	免除又は負担をした時

２　個々の現物給与

現物給与について、課税されないケースを中心に、次表のとおり法令等に規定されています。事例が多いと思われるものについては、Ｑ６－１以降で詳しく説明します。

現物給与として課税されるかどうかのキーワードは、現物給与の特性を踏まえると、①金銭と同視しうる換金性のある金券などの支給ではないか、②役員や特定の社員のみを支給の対象としていないか、③世間一般からみて支給することや金額の多寡に問題はないか、の３点です。金銭以外の現物等を支給する際には、以上の観点からの検討が必要です。

コラム

マイルやポイント

会社から出張旅費などの仮払を受けて、社員自身で航空券等を手配する際に、マイル等を取得することがあります。このマイルを個人的に使用した場合は、その分社員が経済的利益を受けたことになります。この経済的利益は、会社の資金に基づくものと考えられますので、たとえ個人名義でマイル等を取得していたとしても、原則として、使用したときに給与課税の対象になると考えます。

このような問題を解消するためにも、特に遠隔地への出張が多い会社は、航空券等は会社が用意するかマイルやポイントがある場合には会社で組織的に管理するなどの措置を講じておいた方がよいでしょう。

〈個々の現物給与の取扱い〉

<table>
<tr><th colspan="3">支給するもの</th><th>参考法令</th><th>参照設例</th></tr>
<tr><td colspan="3">制服（事務服、作業服等）その他身回品等</td><td>所法9①六
所令21二・三
所基通9-8</td><td>Q6-1</td></tr>
<tr><td colspan="3">永年勤続者の記念品等</td><td>所基通36-21</td><td>Q6-2・3</td></tr>
<tr><td colspan="3">創業記念品等</td><td>所基通36-22</td><td>Q6-4</td></tr>
<tr><td colspan="3">商品、製品等の値引販売</td><td>所基通36-23</td><td>Q6-5</td></tr>
<tr><td colspan="3">採掘場勤務者に支給する燃料</td><td>所基通36-25</td><td>—</td></tr>
<tr><td colspan="3">寄宿舎の電気料等</td><td>所基通36-26</td><td>—</td></tr>
<tr><td colspan="3">金銭の無利息貸付け等</td><td>所基通36-28</td><td>—</td></tr>
<tr><td colspan="3">福利厚生施設利用など用役の提供等</td><td>所基通36-29</td><td>Q6-6・7</td></tr>
<tr><td colspan="3">技術の習得等をさせるための費用</td><td>所基通36-29の2</td><td>Q6-8～10</td></tr>
<tr><td colspan="3">レクリエーションの費用</td><td>所基通36-30</td><td>Q6-11・12</td></tr>
<tr><td rowspan="3">保険料</td><td colspan="2">生命保険、損害保険等</td><td>所基通36-31
～36-31の8</td><td rowspan="3">Q6-13</td></tr>
<tr><td colspan="2">少額な保険料等</td><td>所基通36-32</td></tr>
<tr><td colspan="2">会社役員賠償責任保険</td><td>平6課法8-2</td></tr>
<tr><td colspan="3">社員等の行為に基因する損害賠償金等</td><td>所基通36-33</td><td>—</td></tr>
<tr><td rowspan="5">任意団体等の入会金等</td><td rowspan="2">ゴルフクラブ</td><td>入会金</td><td>所基通36-34</td><td rowspan="5">—</td></tr>
<tr><td>年会費等</td><td>所基通36-34の2</td></tr>
<tr><td colspan="2">レジャークラブの入会金等</td><td>所基通36-34の3</td></tr>
<tr><td colspan="2">社交団体の入会金等</td><td>所基通36-35</td></tr>
<tr><td colspan="2">ロータリークラブ、ライオンズクラブの入会金等</td><td>所基通36-35の2</td></tr>
<tr><td rowspan="3">食事</td><td colspan="2">昼食等</td><td>所基通36-38の2</td><td rowspan="3">Q6-14</td></tr>
<tr><td colspan="2">残業又は宿日直をした者に支給する夜食等</td><td>所基通36-24</td></tr>
<tr><td colspan="2">深夜勤務者に支給する夜食</td><td>昭59直法6-5</td></tr>
<tr><td colspan="3">社宅、寮等の家賃</td><td>所令84の2
所基通36-40
～36-48</td><td>Q6-15～18</td></tr>
<tr><td colspan="3">新株を取得する権利（ストック・オプション）</td><td>所法41の2</td><td>Q6-19</td></tr>
</table>

参考法令　所法28①、36、所基通36－9、36－15、36－16

❷ 現物給与の評価

現物給与として支給する物や権利などの内容により、これらの経済的利益の額はおおむね次のように評価します。

〈物や権利などの現物給与の評価〉

支給する物・権利	物・権利の内容	経済的利益の額（評価額）
①自社商品等	製造業者の自家製品	製造業者の販売価額
	卸売業者の取扱商品	卸売価額
	小売業者の取扱商品	小売価額
② ①以外の物品	原則的取扱い	通常売買される価額
	購入時から支給時までの間、その価額の変動がないもの	購入価額
③有価証券（発行法人から与えられた新株等を取得する権利を除きます。）		支給時の価額
④生命保険契約等に関する権利		解約返戻金等の額
⑤事業用資産（社宅や自動車など）の専属的利用		通常支払うべき使用料や利用の対価 ※社宅や寮などの賃貸料相当額の評価については、Q6-15～18を参照してください。
⑥金銭の貸付け利息	他から借り入れて貸し付けた場合	その借入金の利率
	上記以外の場合	貸付けを行った日の属する年の特例基準割合による利率（注）
⑦食事	会社が調理（社員食堂等）	主食、副食、調味料等に要する直接費の額
	飲食店等からの購入	購入価額

（注）　特例基準割合による利率
　平成30年から令和２年に貸付けを行ったもの……1.6％

参考法令　所令84の２、所基通36－36～36－50

❸ 現物給与と消費税

現物で給与を支給する場合、この現物の価額に含まれている消費税の額は以下のように取り扱われます。

1 現物等の価額に含まれる消費税

給与等が物品又は用役などの現物で支給される場合、その物品又は用役などの価額には、通常消費税の額が含まれています。現物給与の支給に当たっては、この消費税の額を含めた金額を給与等の金額として源泉徴収をすることになります。

なお、消費税の計算に当たっては、社員に現物で支給するかどうかにかかわらず、その資産の取得が、事業として他者から譲り受けたかどうかで判断します。

例えば、本体10,000円、消費税1,000円、計11,000円の万年筆を購入し、社員に支給した場合、源泉徴収の対象となる額は消費税を含めた11,000円で、消費税の計算では課税仕入れの対象になります。

2 非課税限度額の判定

現物給与の取扱いで、創業記念品等や食事の支給（「深夜勤務に伴う夜食の現物支給に代えて支給する金銭」も含みます。）に関していわゆる非課税限度額が定められています。この非課税限度額の適用に当たっては、上記❷により評価を行った金額から、消費税の額を除いた金額（10円未満の端数切捨て）で判定します。

参考法令　消基通11－２－３、平26課法９－１

《参考》 社員等の関連費用科目の消費税の課否判定一覧

区分	内　　容	参考法令
課税	【役員報酬、給与・賞与、退職金】	
	・課税資産による支給（注1）	消基通5-1-4
	・現物支給する課税資産の購入	消基通11-2-3
	【諸手当】	
	・通勤手当	消基通11-2-2
	【法定福利費、福利厚生費】	
	・慰安旅行（国内）の実額負担	消法2①
	・保養所等福利厚生施設借上料	消法2
	【その他】	
	・発明等に係る報償金等で給与に該当するもの以外のもの	消基通11-2-4
	・出張旅費、宿泊費、日当、転居のための移転料等で国内に係る通常必要と認められるもの	消基通11-2-1
	・セミナー、通信教育等の受講料で給与課税されないもの	消法2
	・労働者の派遣を受けた場合の派遣料	消基通5-5-11
非課税	【法定福利費、福利厚生費】	
	・社宅の借上料	消法別表第一13
	・社員等を被保険者とする保険料	消法別表第一3
	・労働保険料、社会保険料	消法別表第一3
不課税	【役員報酬、給与・賞与、退職金】	
	・金銭支給	消基通11-1-2
	・出向社員の給与等で出向先が支出する給与等負担金（注2）	消基通5-5-10
	・出向社員の給与等で出向元が支給する給与	消基通5-5-10
	【諸手当】	
	・通勤手当以外の手当（残業、休日出勤、職務、家族、住宅、宿日直等の各種手当）	消基通11-1-2
	【法定福利費、福利厚生費】	
	・慰安旅行の補助金支給	消基通11-1-2
	・慰安旅行（海外）の費用負担	消基通7-2-6
	・祝金、見舞金等	消基通5-2-14
	【その他】	
	・発明等に係る報償金等で給与に該当するもの（注3）	消基通11-1-2
	・出張旅費、宿泊費、日当、転居のための移転料等で国内に係る通常必要な部分を超えるもの、海外に係るもの	消基通11-2-1
	・渡切交際費	消基通11-2-23
	・セミナー、通信教育等の受講料で給与課税されるもの	消基通11-1-2

（注１）　代物弁済としての現物給与に限ります。

（注２）　出向先が実質的に給与負担金の性質を有する金額を経営指導料等の名義で支出する場合を含みます。

（注３）　現物支給の場合は、「課税」欄の「【役員報酬、給与・賞与、退職金】の現物支給する課税資産の購入」と同様の取扱いとなります。

Q 6－1　制服の支給

当社では、勤務時間中、背広を着用することとしています。この背広を社員に支給する場合、制服の支給に準じて非課税でよいでしょうか。

A　背広は非課税とされる制服等には当たりませんので、給与所得として源泉徴収をする必要があります。

1　制服等の支給を非課税とする理由

制服や事務服等の支給又は貸与は、業務上の必要性もあり、その費用を会社が負担しているケースが多いようです。また、これらの費用は、当然に会社が負担すべきとの考え方もあります。

さらに、制服等を支給したからといって、社員に特別な利益を与えたとは必ずしもいえず、また、役務提供の対価という認識も極めて希薄であると考えられ、これらの考え方を逸脱しない一定の制服の支給について、非課税として取り扱うこととしています。

2　非課税とされる制服等の範囲

いわゆる「制服」に限定すると、上記１の趣旨にそぐわない面も出てきますので、制服と同一視できる事務服や作業服等についても、非課税として取り扱うこととしています。

ただし、非課税とされるためには、それが、①専ら会社で着用するもので、私用には着用しない（できない）ものであること、②社員の全員を対象としていることが必要です。

会社以外でも私用として着用できる背広の支給は、たとえ会社で着用することとしていても、上記趣旨に適わず、非課税とはなりません。

参考法令　所法９①六、所令21二・三、所基通９－８

Q 6－2　自由に選択できる永年勤続者表彰記念品

永年勤続者表彰に当たり、対象社員に一定金額の範囲内で自由に品物を選択させ、それを記念品として支給しています。

この記念品は、それほど高価なものではないので、課税しなくてもよいと考えていますが、どうでしょうか。

A　記念品の金額の多寡にかかわらず、その品物の購入価額（消費税込み）を給与所得として源泉徴収しなければなりません。

永年勤続者の表彰として会社が支給する記念品については、通常、①換金性がなく、②選択性も乏しく、③その金額も一般的には少額であることなどから、次の要件のいずれをも満たす場合には、課税しなくても差し支えないこととされています。

⑴　その人の勤続年数や地位などに照らして、社会一般的にみて相当な金額以内であること

⑵　勤続年数がおおむね10年以上である人を対象としていること

⑶　同じ社員を２回以上表彰する場合には、前に表彰したときからおおむね５年以上の間隔があいていること

ただし、記念品などに代えて金銭を支給する場合は、たとえ上記趣旨に適うものであっても、一種の手当と認められ、非課税扱いはできません。

お尋ねのケースでは、記念品の支給であるものの、品物を自由に選択できるということですので、その効果は金銭を支給したことと同じと考えられます。したがって、給与所得として源泉徴収が必要となります。

参考法令　所基通36－21

Q 6－3　永年勤続社員に支給する旅行券

勤続20年に達した社員に対し、１人当たり10万円の旅行券を支給しています。永年勤続者表彰の旅行に準じて、この旅行券を支給した場合も同様に非課税として取り扱ってよいでしょうか。

A　原則として給与等として源泉徴収が必要ですが、一定の要件を満たしていれば、その必要はありません。

旅行券は、一般的に有効期限もなく、換金性もあり、実質的に金銭を支給したのと同じと考えられ、原則として給与等として課税されます。

ただし、この旅行券を使用して行う旅行について、次の要件を満たしている場合には、非課税扱いとされる会社が旅行に招待した場合と実質的に変わりがありませんので、課税しなくて差し支えないこととされています。

(1)　旅行は、旅行券の支給後１年以内に行われること

(2)　旅行の範囲は、支給した旅行券の額からみて相当なもの（海外旅行を含みます。）であること

(3)　旅行券を使用して旅行をした場合には、会社が適宜作成した報告書に、旅行した社員の所属・氏名・旅行日・旅行先・旅行社等への支払額などの必要事項を記載し、これに旅行先等を確認できる領収書等を添付して会社に提出すること

(4)　旅行券の支給後１年以内に旅行券の全部又は一部を使用しなかった場合には、その旅行券は会社に返還すること

参考法令　所基通36－21、昭60直法６－４

Q 6－4　創業記念品として支給する商品券

創業30周年に際し、社員全員に一律１万円相当の商品券を支給することとしました。

社員全員を対象にしていますし、金銭の支給ではありませんので問題ないと考えていますが、いかがでしょうか。

A　給与所得として、源泉徴収が必要です。

創業30周年等の節目を記念して、社員に対し記念品等を支給することは、一般的に行われていることです。ただし、この記念品等の支給について無制限に認めると、給与や賞与などを支給したのと同様の効果をもたらす場合もあることから、次の要件に該当するかどうかで課税の判定をすることとされています。

(1)　支給する記念品が社会通念上記念品としてふさわしいものであり、かつ、その価額（処分見込価額により評価した価額、消費税抜き）が１万円以下であること

「処分見込価額」が明らかでない場合は、報酬又は料金等の源泉徴収における金銭以外のもので支払われる賞品の評価に準じて、現金正価の60％相当額（所基通205－９）としてもよいものと考えます。

(2)　創業記念のように一定期間ごとに到来する記念に際し支給する記念品については、創業後相当な期間（おおむね５年以上の期間）ごとに支給するものであること

この(1)と(2)のいずれの要件をも満たす記念品は、課税しなくても差し支えないこととされています。

この取扱いを受けることができるのは、あくまでも記念品の支給に限

られますので、金銭を支給する場合は、たとえ非課税となる記念品代に相当するものであったとしても、その全額が給与等として課税の対象となります。

お尋ねの場合は、会社の創業記念として商品券を支給するということですが、支給を受けた社員はこの商品券と引き換えに、商品を自由に選択することが可能となりますので、結果的には金銭による支給と何ら変わりません。

したがって、お尋ねの商品券の支給については、課税しないという取扱いはできず、給与等として、支給の際に源泉徴収をしなければなりません。

参考法令 所基通36－22

Q 6－5　自社商品の値引販売

毎年決算セールを行い、この期間、一般消費者を対象に多くの商品について値引販売をしています。

この期間に、社員に対しても、さらに値引きして販売しますが、非課税となる値引販売額はどの価額で判定すればよいのでしょうか。

A　決算セール期間における一般消費者に対する販売価額を、「通常他に販売する価額」として判定することになります。

会社が役員や社員に、自社が取り扱う商品や製品など（有価証券と食事を除きます。）の値引販売をすることにより社員等が受ける経済的利益で、次のいずれの要件にも該当する場合は、課税しなくて差し支えないこととされています。

⑴　値引販売額が、会社の取得価額以上であり、かつ、通常他に販売する価額のおおむね70％未満でないこと

⑵　値引率が、社内一律若しくは社員等の地位や勤続年数などに応じて全体として合理的なバランスが保たれる範囲内の格差を設けて定められていること

⑶　値引販売をする商品等の数量は、一般の消費者が自己の家事のために通常消費すると認められる程度のものであること

お尋ねの場合、上記⑴の「通常他に販売する価額」は、決算セールにおける一般消費者への値引販売額となり、この価額で70％未満かどうかの判定をすることになります。

例えば、通常期の販売価額が1,000円の商品を決算セール中は800円で販売し、この期間、社員には600円で値引販売する場合には、通常期と

比較した60％（600円／1,000円）ではなく、決算セール期間中の一般消費者への販売価額を「通常他に販売する価額」として判定します。したがって、値引販売額は75％（600円／800円）となり「70％未満でないこと」をクリアしていますので、他の要件が満たされれば課税されません。

このような取扱いは、一般的に行われているいわゆる社員割引は、①社員が受ける利益の額が少額であり、②値引販売は一般の顧客に対しても行われる場合があることなどを考慮して、少額不追求などの趣旨から設けられているものです。

したがって、不動産や高級車などの値引販売になりますと、社員等が受ける経済的利益は多額となり、このような不動産などは一般の消費者が通常家事のために消費するようなものではありませんので、非課税の取扱いを適用することはできません。

このような場合には、一般消費者への販売価額と社員への販売価額との差額は、社員の給与所得として、販売した時に源泉徴収をする必要があります。

参考法令　所基通36－23

Q 6－6　人間ドックの費用

役員や社員の健康管理を目的として、全員を対象に定期的に健康診断を実施しているほか、成人病の予防のため、35歳以上の希望者全員に人間ドックによる検診を受けさせています。

これらの検診費用を会社が負担した場合はどうなりますか。

A　給与等として源泉徴収をする必要はありません。

会社などの雇用主には、健康診断などの実施が義務付けられています。

これを受けて、現在では多くの会社が、役員や社員の福利厚生の一環として会社が独自に設定した「健康管理規程」などに基づき健康診断などを企画・実施し、その費用を負担しているようです。

この場合、社員等が受けることとなる経済的利益については、上記のような趣旨を踏まえ、①健康診断等の費用の額が著しく多額である場合や②役員だけを対象としている場合を除き、課税しなくて差し支えないこととされています。

お尋ねの場合も、健康診断は全ての社員を対象としており、かつ、人間ドックについても一定年齢以上の希望者は全て検診を受けることができるようになっていますので、これらの費用を会社が負担したとしても、給与等として課税する必要はありません。

なお、会社が社員本人ではなくその配偶者等の人間ドック費用を負担している場合は、会社としての健康管理義務は及ばず、また、一般的に行われているとも認められませんので、社員等の給与となります。

参考法令　所基通36－29

Q 6-7　カフェテリアプラン

社員の福利厚生面の充実を図るため、Ｂ社と契約して、ポイント制のカフェテリアプラン（福利厚生選択制度）を導入する予定です。

導入１年目は、全社員に年間50,000ポイント（50,000円相当）を付与しようと考えています。サービスの中身は、当然ながら福利厚生に関する内容となっていますが、種々のものが含まれています。

このカフェテリアプランの課税上の取扱いを教えてください。

A　**社員等がポイントを使用した時に、その受けるサービスの内容により、課税か、非課税かを判断することになります。**

カフェテリアプランとは、個々の社員等に一定のポイントを付与し、その範囲内で各種福利厚生メニューの中から各自が選んでサービスが受けられる制度をいいます。会社にとっては、コスト面で管理がしやすいなどのメリットがあり、この制度を導入する会社も増えているようです。

カフェテリアプランの課税上の取扱いは、以下のとおりです。

1　ポイント付与時

ポイントを付与しただけでは、社員等は現実にサービス（利益）を受けていませんので、この時点で課税されることはありません。

ただし、この制度の導入に当たっては、次の点に気を付けてください。

(1)　役員や社員の職務上の地位や報酬額に比例してポイントが付与される場合には、合理的な格差の範囲を超えていますので、サービスの内容を判断するまでもなく、カフェテリアプランの全てについて課税対象となります。

(2)　現物給付（サービス）の形で支給されるものに限って課税されないかどうかの判断をしますので、ポイントを現金に換えられるなど換金性のあるカフェテリアプランは、その全てについて課税対象となります。

２　ポイントを使用した時

原則として社員等がそのポイントを利用してサービスを受けたときに、その内容によって課税か非課税かの判断をすることになります。課税扱いとなるものについては、ポイントを利用した時に給与等の支給があったものとして、所得税の源泉徴収をする必要があります。

課税となるか、非課税となるかは、サービスの内容に応じて第５章や本章を参考にしてください。

参考法令　所基通36－29

Q 6－8　通信教育講座の受講費用

全社員を対象に、当社が推奨する通信講座を受講させる制度を企画しています。社員からの申請に基づき審査を行い、最終的には数名が受講することになります。

この受講費用を会社が負担しますが、課税されますか。

A　通信教育講座の内容が、会社業務の遂行上必要なものであり、受講する者の職務との関連性があれば、非課税として差し支えありません。

課税となるかどうかは、その通信講座の内容により判断することになります。次の(1)から(3)の要件のいずれをも満たしていれば、非課税とされます。

(1)　講座は、会社の業務遂行上必要なものであること又は社員の職務の遂行と密接に関連するものであること

(2)　研修の受講及び会社の負担につき社員等の間に差が設けられていないこと

(3)　非課税とされる金額は、当該研修を受講するために要する費用として適正なものであること

上記(2)の「研修の受講…につき社員等の間に差が設けられていないこと」については、一般的には社員全員を対象としているかどうかということが判断材料になりますが、例えば、講座の内容等からみて、中堅の社員の全員とか、職務の担当セクションの全員とかというように、合理的な格差であれば、この要件を満たすと考えます。

参考法令　所基通36－29の２、平元直法６－５

Q 6-9　自動車運転免許証の取得費用

当社の営業担当は、自動車運転免許証がないと職務を遂行できない事情にあります。そこで、これらの社員の免許の取得費用や、更新時の諸費用を会社で負担したいと考えていますが、課税上の取扱いはどうなりますか。

A　給与等として源泉徴収をする必要はありません。

会社が業務遂行上の必要に基づき、社員にその職務に必要な技術若しくは知識を習得させるとか、免許や資格を取得させるための講習会等の出席費用に充てるものとして支給する金品については、その額が適正である限り課税しなくてよいこととされています。

お尋ねの場合、自動車の運転免許がなければ、貴社の業務に多大な支障が生ずるとのことですので、このような場合に、社員が自動車運転免許の資格を取得するための費用を貴社が負担するとしても、前問の(1)から(3)の要件を満たすものと考えられますので、社員の給与所得として課税しなくてよいこととされています。

また、運転免許証の更新に関する費用についても、その社員が資格を継続するための必要な費用ですので、免許取得費用に準じて課税しなくて差し支えないものと考えます。

なお、総務や経理担当者の場合はどうか、という疑問が生じますが、職務の遂行上、自動車を頻繁に使う必要があるなどの具体的な事情があれば、上記と同様、課税しなくてもよいと考えます。

参考法令　所基通36－29の２

Q 6-10　転進助成金

当社は、60歳定年制を採っています。定年退職予定者に、定年退職後の再就職などに対する支援策として、転進後に役立つ資格や技術を習得するための社外講座の受講費用など（転進助成金）を支給したいと考えています。

課税上の取扱いはどうなりますか。

A　**受給した者の給与所得又は雑所得となります。給与所得となる場合は、支給の際に源泉徴収が必要です。**

役員や社員の退職後、新たに再就職又は自営しようとする者に対する助成策として、いわゆる転進助成金制度を設け、転進後（退職後）の職業に役立つ資格、技能を習得するために受講又は受験した社外講座、試験に要した費用について、転進助成金を支給する例が増えています。

このような助成金は、会社の業務遂行上の必要に基づいて、その職務に直接必要な資格、技術の習得を目的としたものとは認められませんので、非課税とはなりません。

したがって、助成金の支給を受けた社員等が経済的利益を受けたことになり、この者の給与所得又は雑所得に該当します。

給与所得か雑所得かは、次によります。給与所得となる場合には、支給の際に源泉徴収が必要です。

(1)　退職前（雇用関係継続中）に支給が確定するもの………給与所得

(2)　退職後（雇用関係終了後）に支給が確定するもの………雑所得

　退職に基因して支払われるものではなく、雇用関係終了後に受講等に要した費用を支弁するものですので、雑所得となります。

参考法令　所基通36－29の２

Q 6-11　社員レクリエーション旅行

毎年1回、全社員を対象にレクリエーション旅行を実施しています。今年は、海外旅行を企画し、費用の一部を当社で負担したいと考えています。

給与として、源泉徴収をする必要はありますか。

A　その旅行が一定の要件を満たすものである場合には、源泉徴収の必要はありません。

会社が負担する各種レクリエーション行事の費用については、社会通念上一般的に行われているもので、少額不追及の趣旨からその範囲を逸脱しないものであると認められる場合など、一定の要件を満たす場合には課税されません。

1　課税されない場合

社員レクリエーション旅行の企画立案、主催者、旅行の目的・規模・行程、社員等の参加割合、会社と社員等との負担額や負担割合などからみて、レクリエーションとしてふさわしいものであれば、会社が費用を負担したとしても、原則として社員等の給与として課税されることはありません。

具体的には、次のいずれの要件をも満たしていれば、社会通念上一般的に行われている社員レクリエーション旅行に該当することとされます。

(1)　旅行の期間が4泊5日以内であること

海外旅行の場合には、目的地での滞在日数が4泊5日以内であること

(2)　旅行に参加した人数が全体の人数の50％以上であること

工場や支店ごとに行う旅行は、それぞれの人数の50％以上が参加することが必要です。

2　課税される場合

(1)　上記１の要件を満たしていない場合には、会社が負担した全額が参加した社員等の給与として課税されますので、源泉徴収が必要です。

(2)　次のようなものは、ここにいう課税されないレクリエーション旅行には該当しないため、会社が負担するその旅行費用は給与として源泉徴収が必要です。

①　役員だけで行う旅行や実質的に私的旅行と認められる旅行

②　金銭の受取りとの選択が可能な旅行

(3)　上記１のいずれの要件をも満たしている旅行であっても、自己の都合で旅行に参加しなかった社員に金銭を支給することとしている場合には、参加者と不参加者の全員についてその不参加者に支給する金銭の額に相当する額が給与として課税されます。

参考法令　所基通36－30、36－50、平５課法８－１

Q 6-12　成績優秀者に対する海外旅行

海外進出の足掛かりの一つとして、営業成績が顕著な社員を海外旅行に招待することを計画しています。

参加社員は、成績優秀者の中から抽選によることとし、海外旅行の費用は、4泊5日で約30万円です。

これらの費用を全額当社が負担した場合、問題はありますか。

A　給与所得として課税の対象となり、源泉徴収が必要です。

レクリエーション行事などの一環としての社員旅行のような行事の会社の費用負担は、これらが一般的に行われていることに鑑み、前問で説明した一定の要件の下に、課税しないこととされています。

国内に限らず海外旅行であっても、外国での滞在日数が4泊5日の範囲内で、その他の要件を満たしていれば、課税されません。

お尋ねのケースは、参加者の選定を偶発的な抽選という方法で行うとのことであり、一見すると社員全員を対象としているようにも考えられ、参加者要件を満たしているようにも考えられます。

しかしながら、その旅行の抽選対象者である成績優秀者は所定の業績を挙げた者に限られているところからみると、この要件を満たしているとはいえません。むしろ、成績優秀者に対するボーナス的な意味合いも否定できません。

したがって、成績優秀者が受ける経済的な利益は、勤務の対価である給与所得として源泉徴収が必要になります。

参考法令　所基通36－30、平5課法8－1

Q 6-13　生命保険料等

当社や社員等の様々なリスクを少しでも回避するため、生命保険や損害保険等に加入することを考えています。

当社が負担するこれらの保険料の取扱いについて、教えてください。

A　貴社が負担した保険料が社員等の給与所得になる場合もありますので、保険契約の内容等を十分検討することが必要です。

会社が、生命保険や損害保険などの契約に加入し保険料等を負担する場合がありますが、そのことにより社員等が受ける経済的利益については、次表に掲げる保険契約の区分に応じ、それぞれ取扱いが異なります。表を使用するに当たって、以下の点に留意してください。

(1)　生命保険等には、旧簡易生命保険契約又は生命共済契約等も含みます。

(2)　保険金受取人の社員等には、これらの親族も含みます。

(3)　非課税と表記している場合であっても、役員又は特定の社員のみを被保険者や給付金の受取人などとする場合は、給与となります。

〈「役員又は特定の社員のみ」とは〉

①　加入資格の有無、保険金額等に格差が設けられている場合で、それが職種、年齢、勤続年数などの合理的な基準により普遍的に設けられた格差であると認められる場合には、これには当たりません。

②　社員等の全部又は大部分が同族関係者であるときは、これに該当します。

(4)　会社役員賠償責任保険の株主代表訴訟担保特約部分については、会社法上適正に負担している場合は非課税となります。

〈会社が負担する保険料等の取扱い〉

<table>
<tr><th colspan="3">項　目</th><th colspan="3">保険金受取人</th><th colspan="2">支払保険料の取扱い</th></tr>
<tr><th rowspan="2">契約者</th><th colspan="2">保険契約</th><th colspan="2" rowspan="2">区　分</th><th rowspan="2">受取人</th><th rowspan="2">主契約保険料</th><th rowspan="2">特　約保険料</th></tr>
<tr><th>区　分</th><th>種類等</th></tr>
<tr><td rowspan="10">会　社</td><td rowspan="9">生命保険等</td><td rowspan="6">養老保険
定期付養老保険
（保険料が区分されている場合の養老保険部分又は保険料が区分されていないもの）</td><td rowspan="2">①</td><td>死亡保険金</td><td rowspan="2">会社</td><td rowspan="2">非課税</td><td rowspan="8">非課税</td></tr>
<tr><td>生存保険金</td></tr>
<tr><td rowspan="2">②</td><td>死亡保険金</td><td>社員等の遺族</td><td rowspan="2">給与</td></tr>
<tr><td>生存保険金</td><td>社員等</td></tr>
<tr><td rowspan="2">③</td><td>死亡保険金</td><td>社員等の遺族</td><td rowspan="2">非課税</td></tr>
<tr><td>生存保険金</td><td>会社</td></tr>
<tr><td rowspan="2">定期保険
定期付養老保険
（保険料が区分されている場合の定期保険部分）</td><td colspan="2">死亡保険金</td><td>会社</td><td>非課税</td></tr>
<tr><td colspan="2">死亡保険金</td><td>社員等の遺族</td><td>非課税</td></tr>
<tr><td>個人年金保険</td><td colspan="2">死亡給付金・年金</td><td>社員等又はその遺族</td><td>給与</td><td>—</td></tr>
<tr><td>損害保険等</td><td>社員等の身体や家屋・資産を保険や共済の目的とする損害保険、介護医療保険契約等</td><td colspan="2">満期返戻金等</td><td>会社</td><td colspan="2">非課税</td></tr>
<tr><td>社員等</td><td>社員等が負担すべきもの</td><td>生命保険・損害保険等、社会保険料、小規模企業共済掛金</td><td colspan="2">死亡保険金等</td><td>社員等又はその遺族</td><td colspan="2">給　与</td></tr>
<tr><td rowspan="2">会　社
又は
社員等</td><td>社員等が被保険者として負担すべきもの</td><td>健康保険、雇用保険、厚生年金保険等</td><td colspan="2">—</td><td>—</td><td colspan="2" rowspan="2">【少額な保険料の負担】社員等につき月額300円以下である場合は非課税</td></tr>
<tr><td>本表の取扱いで非課税とされないもの</td><td>生命保険、損害保険等</td><td colspan="2">死亡保険金等</td><td>社員等又はその遺族</td></tr>
<tr><td rowspan="2">会　社</td><td rowspan="2">会社役員賠償責任保険</td><td colspan="4">普通保険約款部分
（第三者訴訟の役員勝訴及び役員敗訴並びに株主代表訴訟の役員勝訴を補償する部分）</td><td colspan="2">非課税</td></tr>
<tr><td colspan="4">株主代表訴訟担保特約部分
（株主代表訴訟の役員敗訴を補償する部分）</td><td colspan="2">給　与</td></tr>
</table>

参考法令　所基通36－31～36－32、平２直審４－19、平６課法８－２、平成28年２月24日付法人課税課情報第１号（国税庁）

Q 6-14　食事の支給

社員食堂を開設し、自社社員に昼食を提供することとしました。社員には格安で食事を提供したいと考えていますが、課税上問題はありますか。

A　社員から、食費として一定の金額を徴収していれば課税されません。

会社が社員等に対して食事を支給した場合は現物給与となりますが、食事については業務上の必要性や福利厚生面も考慮して、一定の要件を満たす場合には、給与として課税しないこととされています。

1　昼食等

(1)　給与として課税されない場合

役員や社員に支給する食事は、次の２つの要件のいずれをも満たしていれば、給与として課税されません。

①　社員等が食事の価額の半分以上を負担していること

②　食事の価額（消費税抜き）から社員等が負担している金額を控除した額が月額3,500円以下であること

(2)　給与として課税される場合

上記(1)の要件を満たしていなければ、食事の価額から社員等の負担している金額を差し引いた金額が給与として課税されますので、源泉徴収が必要です（次表参照）。

なお、上記の取扱いは、あくまでも「食事」という現物を支給する場合のものであって、現金で食事代を補助する場合には、次の３のケースを除き、たとえ金額的に非課税となる食事の支給に相当するものであっても、補助をする全額が給与として課税されます。

〈課税か否かの例〉

1か月の食事の価額	社員等の負担額	会社の負担額	課税対象額	上記(1)の要件不備
5,000円	2,000円	3,000円	3,000円	①
5,000円	2,500円	2,500円	—	—
7,000円	3,000円	4,000円	4,000円	①②
7,000円	3,500円	3,500円	—	—
10,000円	5,000円	5,000円	5,000円	②
10,000円	6,500円	3,500円	—	—

(3)「食事の価額」とは

上記(1)及び(2)の「食事の価額」とは、次の金額をいいます。

① 仕出し弁当などの場合……業者に支払う金額

② 社員食堂などで会社が作った食事を支給している場合……食事を作るために直接かかった材料費や調味料などの合計額

2　残業又は宿日直時に支給する食事

残業又は宿日直を行うときに会社が支給する食事は、課税されません。

ただし、宿日直料について、宿日直を本来の職務としている者等を除き、1回につき4,000円までの額は課税されませんが、宿日直時に支給する食事がある場合には、その食事代を控除した額が宿日直料の非課税限度額とされます。

3　深夜勤務者に支給する夜食

深夜勤務者に対して、夜食の現物支給に代え通常の給与に加算して勤務1回ごとの定額で金銭を支給する場合、その1回の支給額が300円（消費税抜き）以下のものについては、課税しなくて差し支えありません。

参考法令　所基通36－24、36－38、36－38の2、昭59直法6－5

Q 6-15　社員に社宅や寮を貸与したとき

社員に当社所有の社宅を提供しています。課税されないためには、どのようにすればよいでしょうか。

A　**社員から、賃貸料相当額の50％以上を受け取っていれば課税されません。**

社員に対する住居は、社員等の勤務条件上からも会社の補助があってもよいのではないかとの考え方から、社宅や寮などの貸与に対する会社の負担について、一定の要件を満たせば課税されないこととされています。他から借り受けたいわゆる借上社宅や寮などを貸与する場合にも、同様に取り扱われます。

役員と社員とでは取扱いが異なりますが、本問では社員の場合について説明します。役員の場合の取扱いについては、Ｑ６－17を参照してください。

1　給与として課税されない場合

社員に対して社宅や寮などを貸与する場合には、社員から１か月当たり次表に示す賃貸料相当額の50％以上を受け取っていれば給与として課税されません。

〈社員の場合の賃貸料相当額〉

賃貸料相当額（月額） （①②③の合計額）	①　その年度の家屋の固定資産税の課税標準額×0.2％
	②　12円×（その家屋の総床面積（㎡）／3.3（㎡））
	③　その年度の敷地の固定資産税の課税標準額×0.22％

（注）「固定資産税の課税標準額」については、Ｑ６－18を参照してください。

２　給与として課税される場合

(1)　無償で貸与する場合

賃貸料相当額が給与として課税されます。

なお、看護師や守衛などのように、仕事を行う上で勤務場所を離れて住むことが困難な社員に対して、社宅や寮を貸与する場合がありますが、このようなケースでは、無償で貸与しても給与として課税されません。

(2)　賃貸料相当額より低い家賃を受け取っている場合

受け取っている家賃が賃貸料相当額の50％以上の場合は課税されませんが、50％未満の場合には、50％相当額ではなく、賃貸料相当額そのものとの差額が給与として課税されます。

〈賃貸料相当額が３万円の場合の例〉

社員の負担額	課税対象額	備　　考
無償	30,000円	賃貸料相当額と社員の負担額との差額が課税されます。
10,000円	20,000円	
15,000円	—	社員が50％以上負担しているので課税されません。
20,000円	—	

なお、現金で支給する住宅手当や、入居者である社員が直接契約している場合の家賃負担は、社宅の貸与とは認められず、給与として課税されます。

参考法令　所令84の２、所基通９－９、36－45、36－47

Q 6-16 社員に借上社宅を貸与したとき

当社では社宅を所有していませんので、民間のアパートを借り上げ、社宅として社員に貸与したいと考えています。
当社がこの家賃を負担した場合、課税上問題となりますか。

A 自社所有の社宅の場合と同様、賃貸料相当額の50%以上を社員から受け取っていれば、課税されません。

会社がアパートなどを借り上げ、社宅として社員に貸与するといった例が多いようですが、この場合であっても自社所有の社宅等と同様の取扱いとなり、このアパートなどの賃貸料相当額の50%以上を社員から受け取っていれば、課税されません。

この場合、社員への貸与物件が「社宅」であることが必要条件となります。社宅が会社の業務上の必要に基づき提供する住宅であることからすると、次の(1)と(2)のいずれにも該当する場合に、非課税の取扱いが適用できるものと考えます。

(1) 会社が家主と賃貸借契約を締結した住宅であること
(2) 社員には居住する住宅の選択性が乏しく、複数の社宅がある場合でも社員の地位等に応じた一定の基準（役職や勤続年数の基準など）が設けられ、貸与される住宅もおのずと限定されていること

一方、社員が直接賃貸借契約をしている場合はもちろんのこと、会社が家主と契約している場合であっても社員が自由に選べるようなものは、ここでいう社宅には該当せず、この場合の家賃負担は一種の住宅手当とも考えることができ、非課税とはなりません。

参考法令　所基通36－45、36－47

Q 6-17　役員に社宅などを貸与したとき

役員に対し、社員と同様に社宅を提供しています。この場合、社員と同様の取扱いと考えてよいでしょうか。

A　**役員から一定の賃貸料相当額を受け取っていれば、課税されません。**

社員とは取扱いが異なりますので注意してください。

役員の場合の賃貸料相当額の計算は、次表のとおりです。

〈役員の場合の賃貸料相当額〉

<table>
<tr><th colspan="3">住宅の態様</th><th rowspan="2">賃貸料相当額（月額）</th></tr>
<tr><th>区　分</th><th colspan="2">内　　容</th></tr>
<tr><td>イ
小規模住宅</td><td colspan="2">床面積132㎡以下（木造家屋以外の家屋は99㎡以下）
※区分所有の場合の床面積は、専用部分の床面積に共有部分を按分した床面積を加算した面積となります。</td><td>次の①②③の合計額
①　その年度の家屋の固定資産税の課税標準額×0.2%
②　12円×（その家屋の総床面積（㎡）／3.3（㎡））
③　その年度の敷地の固定資産税の課税標準額×0.22%</td></tr>
<tr><td rowspan="2">ロ
小規模住宅以外</td><td rowspan="2">上記イの小規模住宅に該当しないもの</td><td>自社所有の社宅</td><td>次の①と②の合計額の12分の1
①　その年度の家屋の固定資産税の課税標準額×12%
※木造家屋以外の家屋は12%ではなく10%
②　その年度の敷地の固定資産税の課税標準額×6%</td></tr>
<tr><td>他から借り受けた社宅等</td><td>次の①と②のいずれか多い金額
①　会社が家主に支払う家賃の50%相当額
②　上記「自社所有の社宅」で算出した額</td></tr>
<tr><td>ハ
豪華社宅</td><td colspan="2">床面積240㎡超
取得価額、支払賃貸料の額、内外装の状況等各種要素を総合勘案して社会通念上一般に貸与されている住宅等とは認められないもの
床面積240㎡以下
プール等や役員個人の嗜好を著しく反映した設備等を有するもの</td><td>時価（実勢価額）
※豪華社宅に該当しない場合は、上記イ又はロの算式によります。</td></tr>
</table>

（注）「木造家屋以外の家屋」とは、耐用年数が30年超の住宅用建物をいいます。

1　給与として課税されない場合

役員に対して社宅を貸与する場合は、役員から１か月当たり上表に示す賃貸料相当額を受け取っていれば、給与として課税されません。

この賃貸料相当額は、社宅等の広さや所有者などによりそれぞれ異なった計算をすることとされ、小規模住宅の場合を除き社員とは別の計算方法となっています。

2　給与として課税される場合

(1)　無償で貸与する場合

賃貸料相当額が、給与として課税されますので、源泉徴収が必要です。

(2)　賃貸料相当額より低い家賃を受け取っている場合

賃貸料相当額と受け取っている家賃との差額が給与として課税されます。社員のように、「賃貸料相当額の50％以上を受け取っていれば課税されません。」の適用はありませんので、注意してください。

なお、現金で支給する住宅手当や入居者が直接契約している場合の家賃負担は、社員の場合と同様、社宅の貸与とは認められませんので、給与として課税されます。

3　賃貸料相当額の計算の特例

社宅等が次に掲げるものに該当するときは、それぞれ次により計算した金額をその社宅等の賃貸料相当額として差し支えないこととされています。

なお、同様の事情にあるときは、社員であってもこの取扱いを適用することができます。

(1)　会社の業務に関する使用部分がある場合

役員が社宅等の一部を社内の会議や打ち合わせ、取引先等との商談や接待などの会社業務にも使用する場合には、その使用状況等を考慮して賃貸料相当額の計算を行うのが原則ですが、簡便計算によって差し支えないこととされています。具体的には、上表「役員の場合の賃貸料相当額」のイ又はロの算式により求めた賃貸料相当額の70％以上に相当する金額を役員から徴収していれば、課税されません。

(2)　社宅等の一部を使用している場合

単身赴任者などが社宅等の一部を使用しているにすぎない場合には、次の算式により求めた金額が賃貸料相当額とされます。

［算式］

$$\left(\begin{array}{c}\text{その住宅などにつき}\\ \text{上表のイ又はロにより}\\ \text{計算した賃貸料相当額}\end{array}\right) \times \frac{50\text{㎡}}{\text{その家屋の総床面積（㎡）}}$$

参考法令　所令84の２、所基通36－40～36－43、平７課法８－１

Q 6-18 賃貸料相当額を計算する場合の固定資産税の課税標準額

社宅を貸与した場合の「賃貸料相当額」の計算の基礎となる「固定資産税の課税標準額」とは、どのようなものですか。

A 固定資産の価格として固定資産課税台帳に登録されているものをいいます。

社宅や寮などの賃貸料相当額の計算の「固定資産税の課税標準額」とは、地方税法の規定による賦課期日（１月１日）における固定資産の価格として固定資産課税台帳に登録された価格です。「固定資産税の評価額」ではありません。この台帳に登録されている土地と家屋については、原則として３年ごとにその評価の見直しを行って価格を決めています。

したがって、固定資産税の課税標準額が改訂された場合には、その改訂後の額に基づいて、その後の賃貸料相当額を計算することになります。

ただし、社員（役員は除きます。）に貸与した社宅については、その課税標準額の改訂幅が20％以内であれば再計算をする必要はありません。

賃貸料相当額の計算は、会社が所有している社宅などを貸与する場合に限らず、いわゆる「借上社宅」のように、他から借りて社員に貸与する場合にも、固定資産税の課税標準額を使って計算をすることになります。

したがって、このような場合には、貸主（所有者）や市町村、都・市税事務所が保有する固定資産課税台帳の閲覧などにより、固定資産税の課税標準額を確認することが必要となります。

参考法令 所基通36－42、36－46

Q 6-19 ストック・オプション

役員と社員に対し、将来的に当社の株式を一定の価額で取得できる権利を付与するいわゆるストック・オプション制度を導入します。

この制度の課税関係を教えてください。

A　ストック・オプションの権利を行使した時に、原則として社員等の給与所得として源泉徴収が必要です。

自社が与える新株予約権等に絞って、その課税関係について説明します。

1　権利行使時に課税される場合

役員や社員が、自社から与えられた新株予約権等の権利を行使することにより株式を取得した場合における経済的利益については、給与所得として課税されることになり、賞与の場合の計算方法により所得税の源泉徴収をする必要があります。次表の具体例を参考にしてください。

〈ストック・オプションの原則的な課税の例〉

時　期	株式の価額	課　税　関　係
①　権利付与	（権利行使価額）　500円	課税関係は生じません。
②　権利行使	1,000円	②と①との差額500円が、社員等の給与所得になります。
③　株式売却	1,600円	③と②との差額600円が、社員等の譲渡所得になります。

また、自社から与えられた新株予約権等を自社が引き取る場合がありますが、この時の譲渡対価の額からこの権利の取得価額を控除した金額は、譲渡所得ではなく給与所得に係る収入金額とみなされます。

なお、権利行使が退職後に行われた場合であっても、原則として給与所得となりますが、主たる部分の利益供与が職務の遂行に関連しないと認められるときは、雑所得となります。

2　権利行使時に課税されない場合

権利行使の制限など一定の要件が定められた会社とのストック・オプションの権利付与契約（一般的には、「税制適格ストック・オプション」といいます。）に従って権利行使した場合の経済的利益については、権利行使の段階では課税されないこととされています。

ただし、これは、あくまでも権利行使時における課税が繰延べられるということであって、この株式を売却したときに、上記１の表の例によりますと③と①との差額1,100円が社員等の株式の譲渡所得（申告分離課税）として、譲渡時に一括して課税されることになります。

【税制適格ストック・オプションの要件】

①　権利行使は、付与決議の日後２年を経過した日からその付与決議の日後10年を経過する日までの間に行わなければならないこと

②　権利行使価額の年間の合計額が1,200万円を超えないこと

③　１株当たりの権利行使価額は、ストック・オプションの権利付与契約締結時におけるその株式の１株当たりの価額相当額以上とされていること

④　新株予約権については、譲渡をしてはならないこととされていること

⑤　権利行使に係る株式の交付が、その交付のために付与決議がされた募集事項に反しないで行われるものであること

⑥　権利行使により取得する株式は、一定の方法によって金融商品取引業者等の振替口座簿等に記載等がされること

参考法令　所法41の２、所令84、88の２、措法29の２、所基通23～35共－６、41の２－１

第7章
退職所得

❶ 退職所得の範囲

退職所得とは、原則として退職手当その他退職により一時に受ける給与及びこれらの性質を有する給与に係る所得をいい、これらの退職手当等は、本来退職しなかったならば支払われなかったもので、退職に基因して一時に支払われることとなった給与をいうこととされています。

したがって、退職の際又は退職後に会社から支払われる給与等で、支払金額の計算基準などからみて、引き続き勤務している人に支払われる賞与等と同性質のものは退職所得ではなく給与所得として課税されます。

また、退職所得には上記以外に、引き続き勤務する人に支払われる給与であっても一定の場合には退職所得とされるものや退職所得とみなされる一時金も含まれます。

退職所得の範囲については、次表を参照してください。

本章では、役員や社員が退職する際に支払われる一般的なケース（次表の①）での退職手当の源泉徴収について説明します。

なお、死亡退職者に支払う退職手当等は、通常その遺族の相続税の課税対象となり、所得税は課税されませんので、この場合には源泉徴収の必要はありません。

〈退職所得の範囲〉

区　分	内　容
イ　原則	①退職手当、一時恩給、その他の退職によって一時に支払われる給与及びこれらの性質を有する給与
ロ　打切支給の退職手当等	②退職給与規程等の制定または改正等に伴う社員の期間の退職手当 ③社員から役員昇格に伴う社員の期間の退職手当等 ④退職給与規程の制定または改正等に伴い既に役員になっている者全員に支払う社員の期間に係る退職手当等 ⑤役員の分掌変更等により報酬・地位・職務内容が激変した場合の分掌変更等前の退職手当等 ⑥定年後引き続き勤務する社員への定年までの退職手当等 ⑦労働協約改正で定年延長した場合の延長前までの定年退職手当等 ⑧清算事務従事者への解散前の勤続期間に係る退職手当等 ⑨社員から執行役員に就任した際に支払われる一定の退職手当等
ハ　退職手当等とみなされる一時金	⑩社会保険または共済に関する制度（国民年金保険法、厚生年金保険法、国家公務員共済組合法など）に基づく一時金 ⑪石炭鉱業年金基金法の規定に基づく一時金 ⑫確定給付企業年金法の規定に基づく一時金 ⑬その他所令72に規定する一時金等
ニ　その他	⑭社員が掛け金を拠出することにより退職に際して会社から支払われる一時金 ⑮退職年金の支給に代えて支払われる一時金 ⑯解雇予告手当 ⑰厚生年金基金等から支払われる一時金 ⑱未払賃金立替払制度に基づき国が弁済する未払賃金

（注）　表中、ロの「打切支給の退職手当等」とは、②から⑨のように引き続き勤務する者に支給されるもので、その後に支払われる退職手当等の計算においてはその計算の基礎となった勤続期間を一切加味しない条件の下で支払われる給与等をいいます。

参考法令　所法30、31、所令72、措法29の４、所基通９－17、30－１～30－５

❷ 退職所得の課税の仕組み

退職所得は、永年の勤務に対する報償やその間の労務対価の後払いといった性質を有するものの、雇用関係等に基づく役務の対価という点では、給与所得と同じと考えられます。しかしながら、退職手当は、①一時にまとめて支給されること、②老後の生活資金であり、担税力が低いことなどを考慮して、累進税率の適用を緩和するなど税制上優遇措置が設けられており、給与所得とは別の課税方法が採用されています。

1　収入すべき時期

退職所得は、その退職手当の収入すべきことが確定した日を含む年分の所得とされ、この確定した日は、一般的には退職手当の支給の基因となった「退職の日」となります。ただし、退職手当の内容によっては、退職の日ではなく、例えば、役員に支給する退職手当のように、その支給について株主総会などの決議を要するものは「決議のあった日」とされるなど、取扱いが異なるものもあります。

退職所得に対する源泉徴収は、退職手当を支払う際に行いますが、この収入すべき時期がいつかによって、源泉徴収税額が異なってくる場合もありますので、会社としても確認しておく必要があります。

2　課税の仕組み

(1)　課税退職所得金額

退職所得は、その年中に支払を受ける退職手当等の区分に応じ、次表の算式から求められる課税退職所得金額を課税標準として、他の所得と分離して所得税額を計算することとされています。

〈課税退職所得金額の算式の表〉

退職手当の区分	課税退職所得金額
一般退職手当等の場合	（一般退職手当等の収入金額 － 退職所得控除額）× $\frac{1}{2}$
特定役員退職手当等の場合	特定役員退職手当等の収入金額 － 退職所得控除額
一般退職手当等と特定役員退職手当等の両方がある場合	（特定役員退職手当等の収入金額 － 特定役員退職所得控除額）＋［一般退職手当等の収入金額 －（退職所得控除額 － 特定役員退職所得控除額）］× $\frac{1}{2}$

イ　「一般退職手当等」とは次のロ以外のものをいい、課税退職所得金額は退職所得控除後の金額に「1/2」を乗じて算出する計算の適用があり、このことにより課税の累進性が軽減されています。

ロ　「特定役員退職手当等」とは、役員等の勤続年数（１年未満の端数切上げ）が５年以下である人が支払を受ける退職手当のうち、その役員等勤続年数に対応する退職手当として支払を受けるものをいい、この場合には上記イとは異なり、「1/2」とする計算の適用はありません。ここでいう特定役員とは会社の場合、取締役等（法人税法２十五に規定する役員）をいいます。

（２） 退職所得控除額

イ　退職所得控除額の計算

退職所得控除額は、役員や社員の勤続年数に応じて、次表のとおり計算します。

〈退職所得控除額の算式の表〉

勤続年数	退職所得控除額
20年以下の場合	40万円×勤続年数（80万円に満たない場合には80万円）
20年を超える場合	800万円＋70万円×（勤続年数－20年）

（注） 障害者になったことに直接基因して退職した場合の退職所得控除額は、上表の計算で求めた金額に100万円を加算した金額となります（巻末〈参考資料〉５参照）。

ロ　勤続年数の計算

通常の場合の勤続年数は、役員や社員が退職手当を支払うこととなる会社の下で、その退職手当の支払の基因となった退職の日まで引き続き勤務した期間によって計算（１年未満の端数切上げ）します。

なお、長期欠勤や休職（他に勤務するための休職は除きます。）の期間も勤続期間に含まれますが、日額表の丙欄の適用を受けていた期間は含まれません。

（３） 退職所得税額

上記(１)で求めた課税退職所得金額に、その金額に応じて定められている税率を乗じて、退職所得の所得税額を算出します。

源泉徴収税額を算出する場合も、基本的にはこのような計算をすることになります。

参考法令　所法30、199、201、所令69、69の２、70、71、71の２①、所基通30－７、30－９

❸ 退職手当の源泉徴収事務

１　源泉徴収をする時期

退職手当に対する所得税の源泉徴収は、他の源泉徴収を要する所得と同様に、その支払の際に行います。

なお、退職手当の収入すべきことが確定した日を含む年分と実際に支払った年度が異なる場合には、確定した年分の法令によって源泉徴収をすることになりますので、留意してください。

２　「退職所得の受給に関する申告書」

（１）　提出がある場合

この申告書は、退職手当の支払を受ける役員や社員がその支払を受ける時までに、住所、氏名、勤続期間やその年中における他の受取済の退職手当の有無などを記載して会社に提出するものです。

提出を受けた会社は、この申告書の記載内容を基に退職手当の源泉徴収税額を計算します。

退職者は、この申告書を提出することにより、源泉徴収の際に退職所得控除額の控除を受けることができるほか、所得税の確定申告は原則としてする必要はありません。

なお、この受給に関する申告書は、電磁的方法により提供を受けることもできます。また、本来は所轄税務署に提出すべきものですが、提出を求められるまでの間は、会社がこの申告書の提出期限の属する年の翌年の１月10日の翌日から７年を経過する日まで保存することになります。

【記載例⑥】 退職所得の受給に関する申告書

令和2年 6月25日 麹町 税務署長 市町村長 殿	令和2年分	退職所得の受給に関する申告書 退 職 所 得 申 告 書	支払者受付印

退職手当の支払者の			あなたの		
	所在地 （住所）	〒100－0005 東京都千代田区丸の内1-8-5		現住所	〒260－0582 千葉県千葉市中央区青葉町3-2-1
	名称 （氏名）	株式会社 国 税		氏名	山野 次郎 （山野） ㊞
	法人番号 （個人番号）	※提出を受けた退職手当の支払者が記載してください。 1 2 3 4 5 6 7 8 9 1 2 3 4		個人番号	4 5 6 7 8 9 0 1 2 3 4 5
				その年1月1日現在の住所	千葉県千葉市中央区青葉町3-2-1

A	このA欄には、全ての人が、記載してください。（あなたが、前に退職手当等の支払を受けたことがない場合には、下のB以下の各欄には記載する必要がありません。）				
	① 退職手当等の支払を受けることとなった年月日	R2 年 7月 31日	③ この申告書の提出先から受ける退職手当等についての勤続期間	自 S63年 12月 10日 至 R2年 7月 31日	32 年
			うち 特定役員等勤続期間 有・無	自 年 月 日 至 年 月 日	年
	② 退職の区分等	（一般）・障害 ［ ］ 生活扶助の 有・（無）	うち 重複勤続期間 有・無	自 年 月 日 至 年 月 日	年

B	あなたが本年中に他にも退職手当等の支払を受けたことがある場合には、このB欄に記載してください。				
	④ 本年中に支払を受けた他の退職手当等についての勤続期間	自 年 月 日 至 年 月 日	⑤ ③と④の通算勤続期間	自 年 月 日 至 年 月 日	年
			うち 特定役員等勤続期間 有・無	自 年 月 日 至 年 月 日	年
	うち特定役員等勤続期間 有・無	自 年 月 日 至 年 月 日 年	うち 重複勤続期間 有・無	自 年 月 日 至 年 月 日	年

書き方

①欄 「退職手当等の支払を受けることとなった年月日」……退職年月日を記載します。

②欄 「退職の区分等」……該当項目を○で囲みます。

③欄 「この申告書の提出先から受ける退職手当等についての勤続期間」……今回支払を受ける退職手当等についての勤続期間とその年数を記載します。年数は、1年未満の端数は切り上げます。

④欄以降は、これらの該当事実がある場合に記載します。これらの欄に記載がある場合は、調整計算が必要となります。

（２）提出がない場合

この申告書の提出がない場合には、退職所得控除額の計算はできないことになり、退職手当の支払金額そのものに20.42%の税率を乗じて計算した税額により源泉徴収をすることになります。一般的には、上記（１）に比べ、税額は多額となります。この場合、所得税の確定申告をすることにより、この源泉徴収税額を精算することができます。

3　源泉徴収税額の計算

「退職所得の受給に関する申告書」の提出がある場合で、一般的なケースについて説明します。

まず、この申告書の記載内容をよく確認し、勤続年数に応じた退職所得控除額を控除した金額を算出し、これに1/2を乗じて課税退職所得金額（1,000円未満の端数切捨て）を求めます（上記❷２（１）及び（２）の表参照）。

次に、求めた課税退職所得金額に応じて、次表の速算表の計算式に従って退職所得の源泉徴収税額（１円未満の端数切捨て）を求めます。

（注）「退職所得の受給に関する申告書」に、その年中に受取済の他の退職手当の記載がある場合などには、これらの退職手当等との調整計算をする必要があります。

〈退職所得の源泉徴収税額の速算表（令和２年分）〉

課税退職所得金額(A)	所得税率(B)	控除額(C)	税額＝((A)×(B)－(C))×102.1%
1,950,000円以下	5%	—	((A)×5%　　　　　　)×102.1%
1,950,000円超　3,300,000円以下	10%	97,500円	((A)×10%－　97,500円)×102.1%
3,300,000円超　6,950,000円以下	20%	427,500円	((A)×20%－　427,500円)×102.1%
6,950,000円超　9,000,000円以下	23%	636,000円	((A)×23%－　636,000円)×102.1%
9,000,000円超 18,000,000円以下	33%	1,536,000円	((A)×33%－1,536,000円)×102.1%
18,000,000円超 40,000,000円以下	40%	2,796,000円	((A)×40%－2,796,000円)×102.1%
40,000,000円超	45%	4,796,000円	((A)×45%－4,796,000円)×102.1%

【退職手当の税額の具体的な求め方】

〔設例〕（一般退職手当の例）

退職手当の額　2,400万円

勤続年数　　　31年８か月

「退職所得の受給に関する申告書」の提出あり

(1)　勤続年数

31年８か月、端数月を切り上げて32年となります。

(2)　退職所得控除額

退職所得控除額は、勤続年数が20年までは年40万円、20年超は年70万円です（巻末<参考資料>５参照）。

400,000円×20年＋700,000円×（32年－20年）＝16,400,000円

(3)　課税退職所得金額

課税退職所得金額は、退職手当の額から退職所得控除額を控除した残額の1/2となります。

（24,000,000円－16,400,000円）×1/2＝3,800,000円

⑷　源泉徴収税額

⑶で求めた課税退職所得金額について、上表の「退職所得の源泉徴収税額の速算表」により源泉徴収税額を求めます。

（3,800,000円×20％－427,500円）×102.1％

＝339,482円……求める源泉徴収税額（１円未満の端数切捨て）

【参考】「退職所得の受給に関する申告書」の提出がない場合

退職手当の支払金額に20.42％の税率を乗じた額が源泉徴収税額です。

24,000,000円×20.42％＝4,900,800円

４　支払明細書の交付

退職手当を支払う場合には、支払の際に、退職手当の金額、源泉徴収税額などを記載した支払明細書（様式は会社が独自に作成します。）を退職する者に交付しなければなりません。この場合、退職する者の承諾を得て、電磁的方法によることもできます。

５　源泉徴収税額の納付

退職手当を支払う際に預り金として経理した源泉所得税は、原則として、退職手当を支払った月の翌月10日までに所要事項を記載した「納付書（給与所得・退職所得等の所得税徴収高計算書」を添えて、金融機関若しくは所轄税務署の窓口等で納付します。

なお、納期の特例の承認を受けている場合には、退職手当の支給月により７月10日又は翌年１月20日までに納付することができます。

また、退職所得に対する住民税ですが、原則として上記計算に準じて

税率10％（市町村民税６％、道府県民税４％）で計算した税額を会社が徴収して市区町村へ納付します。

参考法令　所法199、201、203、地方税法50の２～50の７、328～328の７

コラム

退職所得と確定（還付）申告

１「退職所得の受給に関する申告書」を提出していない場合

退職手当の受取金額そのものに20.42％の税率で源泉徴収されています。

退職所得控除額の計算はされていませんので、一般的には、この申告書を提出した場合に比べ税額は多額となります。上記【退職手当の税額の具体的な求め方】の例でいいますと、本来339,482円でよかった税額が、4,900,800円源泉徴収されています。

所得税の確定申告をすることにより、この源泉徴収税額との差額を精算することができます。

２「退職所得の受給に関する申告書」を提出している場合

この申告書を提出している場合は、退職所得は分離課税として源泉徴収されていますので、原則として確定申告は不要です。

ただし、その年分に、他に所得がないあるいは少額であることなどにより、これらの所得から控除しきれない所得控除額が残る場合があります。このような場合、退職所得について、基礎控除や扶養控除などの各種控除を適用して確定申告をすることにより、源泉徴収された所得税の還付を受けることができます。

Q 7－1　退職手当の分割支給と概算払

資金繰り等の都合により、退職手当を分割支給又は概算払をする場合がありますが、源泉徴収税額をどのように計算すればよいでしょうか。上記３の【退職手当の税額の具体的な求め方】の例で教えてください。

A　分割支給の場合は総額について計算した上で按分計算、概算払の場合は概算額で計算した後、総額確定時に精算することになります。

1　分割支給

〔設　例〕
退職時の６月に1,400万円、12月に残りの1,000万円と２回に分けて支払う場合（「退職所得の受給に関する申告書」提出あり）

「総額に対する源泉徴収税額」339,482円（【退職手当の税額の具体的な求め方】参照）についてそれぞれの支給金額で按分計算を行います。

(1)　６月に徴収する源泉所得税額

339,482円×1,400万円/2,400万円＝198,031円

(2)　12月に徴収する源泉所得税額

339,482円×1,000万円/2,400万円≒141,451円

2　概算払

〔設　例〕
退職時の６月に2,000万円を概算で支払い、12月に総額が2,400万円で確定、差額400万円を支払う場合（「退職所得の受給に関する申告書」提出あり）

⑴　６月に徴収する源泉所得税額

支給額が2,000万円として、源泉徴収すべき税額を計算します。

［課税退職所得金額］（20,000,000円－16,400,000円）×1/2＝1,800,000円

［源泉徴収税額］　　（1,800,000円×５％）×102.1％＝91,890円

⑵　12月に徴収する源泉所得税額

確定した総額2,400万円に対する税額339,482円（【退職手当の税額の具体的な求め方】参照）から、上記⑴の源泉徴収税額91,890円を差し引いた247,592円が12月に徴収する源泉所得税額となります。

参考法令　所法30、89、所基通183～193共－１、183～193共－２、201－３

第8章
法定調書の作成と提出

❶ 給与所得の源泉徴収票（給与支払報告書）

会社は、年末調整終了後に、給与を支払った全ての者について、年末調整をしたかどうかにかかわらず、各人ごとにその年の１年間に支払が確定した給与等の額や源泉徴収税額などを記載した法定調書「給与所得の源泉徴収票」を作成する必要があります。

1　税務署への提出

源泉徴収票は、翌年の１月31日までに、次に該当する場合を除き、その１部を「給与所得の源泉徴収票等の法定調書合計表」とともに所轄税務署に提出しなければなりません。その年の中途退職者の分は、原則的には退職後１か月以内ですが、翌年１月31日までにまとめて提出してもよいことになっています。

また、源泉徴収票は、書面によるほか、e-Taxや光ディスク等（CD、DVD、FD、MO）による提出もできます。

なお、その年の前々年に提出すべきであった源泉徴収票が100枚（令和３年１月１日前に提出すべきものは1,000枚）以上の場合は、書面ではなくe-Tax又は光ディスク等の電子媒体で提出することが義務付けられています。

〔税務署へ提出する必要がない場合〕

① 法人の役員（相談役、顧問等を含みます。）に支払う給与で、年末調整後の給与の金額が150万円以下のもの

② 弁護士、公認会計士、税理士、弁理士などに支払う給与で、年末調整後の給与の金額が250万円以下のもの

③　上記①、②以外で、年末調整後の給与の金額が500万円以下のもの
④　扶養控除等申告書を提出した人に支払う給与で、年末調整をしなかったその年分の給与の金額が250万円（役員は50万円）以下のもの
⑤　扶養控除等申告書を提出しない人に支払う給与で、その年分の給与の金額が50万円以下のもの

２　本人への交付

作成した源泉徴収票の１部は、翌年の１月31日までに、社員等各人に交付しなければなりません。年の中途で退職した者については、退職後１か月以内に交付しなければなりません。

なお、社員等の承諾を得て、電磁的方法により提供することもできますが、書面での交付請求があれば、これに応じなければなりません。

３　「給与支払報告書」の市区町村への提出

「源泉徴収票」と同時に作成する「給与支払報告書」については、原則としてその全てについて、翌年の１月31日までに社員等の住所地の市区町村に提出しなければなりません。税務署への提出と同様、光ディスク等により提出することができます。

参考法令　所法226、228の４、231、所規93、100、地方税法317の６

【記載例⑦】 源泉徴収票

令和 2 年分　給与所得の源泉徴収票

支払を受ける者	住所又は居所	東京都板橋区成増1-2-30	(受給者番号)	005
			(個人番号)	1 1 2 2 3 3 4 4 5 5 6 6
			(役職名)	主任
			氏名 (フリガナ)	ウエスギ　タロウ
			氏名	上杉　太郎

種別	❶ 支払金額	❷ 給与所得控除後の金額（調整控除後）	❸ 所得控除の額の合計額	❹ 源泉徴収税額
給与・賞与	6 080千 000円	4 424千 000円	2 652千 108円	90千 400円

(源泉)控除対象配偶者の有無等 有	従有	老人	配偶者(特別)控除の額	控除対象扶養親族の数（配偶者を除く。）特定 人	従人	老人 内	人	従人	その他 人	従人	16歳未満扶養親族の数	障害者の数（本人を除く。）特別 内	人	その他 人	非居住者である親族の数 人
○			380千 000円								1	1	1		

社会保険料等の金額	生命保険料の控除額	地震保険料の控除額	住宅借入金等特別控除の額
内 874千 608円	117千 500円	50千 000円	千 円

(摘要)

生命保険料の金額の内訳	新生命保険料の金額	25,000円	旧生命保険料の金額	120,000円	介護医療保険料の金額	40,000円	新個人年金保険料の金額	70,000円	旧個人年金保険料の金額	円

住宅借入金等特別控除の額の内訳	住宅借入金等特別控除適用数		居住開始年月日(1回目)	年 月 日	住宅借入金等特別控除区分(1回目)		住宅借入金等年末残高(1回目)	円
	住宅借入金等特別控除可能額	円	居住開始年月日(2回目)	年 月 日	住宅借入金等特別控除区分(2回目)		住宅借入金等年末残高(2回目)	円

(源泉・特別)控除対象配偶者	(フリガナ)	ウエスギ　ハナコ	区分	配偶者の合計所得	750,000円	国民年金保険料等の金額	円	旧長期損害保険料の金額	20,000円
	氏名	上杉　花子				基礎控除の額	480,000円	所得金額調整控除額	円
	個人番号	2 2 3 3 4 4 5 5 6 6 7 7							

控除対象扶養親族			区分	16歳未満の扶養親族			区分	(備考)
1	(フリガナ) 氏名			1	(フリガナ)	ウエスギ　イチロウ		
	個人番号				氏名	上杉　一郎		
2	(フリガナ) 氏名			2	(フリガナ) 氏名			
	個人番号							
3	(フリガナ) 氏名			3	(フリガナ) 氏名			
	個人番号							
4	(フリガナ) 氏名			4	(フリガナ) 氏名			
	個人番号							

未成年者	外国人	死亡退職	災害者	乙欄	本人が障害者 特別	その他	寡婦	ひとり親	勤労学生	中途就・退職 就職	退職	年	月	日	受給者生年月日 元号	年	月	日
															昭和	58	8	31

支払者	個人番号又は法人番号	1 2 3 4 5 6 7 8 9 1 2 3 4 (右詰で記載してください。)
	住所(居所)又は所在地	東京都千代田区丸の内1-8-5
	氏名又は名称	株式会社　国　税　(電話) 03(○○○○)××××

(税務署提出用)

整理欄		

375

書き方

❶「支払金額」……令和２年中に支払の確定した給与や賞与の額を記載します。非課税となる通勤手当等は含みません。

一般的にいう給与の収入額、年収額のことです。

❷「給与所得控除後の金額」……巻末の「年末調整等のための給与所得控除後の給与等の金額の表（令和２年分）」によって求めた❶の「支払金額」（給与等の金額）に対応する「給与所得控除後の給与等の金額」を記載します。

給与所得の所得金額のことです。

❸「所得控除の額の合計額」……上記❷の額から控除した社会保険料、小規模企業共済等掛金、生命保険料、地震保険料、障害者、ひとり親、寡婦、勤労学生、配偶者、配偶者特別、扶養及び基礎控除の合計額を記載します。

❹「源泉徴収税額」……令和２年中に源泉徴収された源泉所得税の合計額（年末調整済みの者は、調整後の額）を記載します。

上記以外は、社員から提出された、各種申告書等に基づいて記載します。
なお、社員に交付する源泉徴収票には、マイナンバーは記載しません。
社判の押印は、必ずしも必要ではありません。

コラム

給与の年間手取額

源泉徴収票からみた給与の年間手取額は、おおむね次のとおりです。

「支払額」－《(天引きされた)「社会保険料等の金額」＋「源泉徴収税額」＋「住民税の特別徴収税額」(注)》＝給与の手取額

(注)　住民税の税率は、おおむね上記「書き方」の❷－❸（課税所得）の10％です。ただし、住民税における所得控除額の違いなどにより、住民税と所得税の課税所得金額は一致しません。

❷ 退職所得の源泉徴収票（特別徴収票）

会社は、社員等に退職手当を支払った場合、各人ごとに支払の確定した退職手当の金額や源泉徴収税額などを記載した「退職所得の源泉徴収票」を作成し、その１部を「給与所得の源泉徴収票等の法定調書合計表」とともに退職後１か月以内（またはその年中の源泉徴収票を取りまとめて翌年１月31日まで）に所轄税務署に提出し、１部は退職者に交付しなければなりません。退職者への交付は、給与所得者の場合と同様、電磁的方法によることもできます。

ただし、会社の役員（取締役、執行役、会計参与、監査役等）以外の社員に支払う退職手当については、この源泉徴収票を税務署に提出する必要はありません。

退職所得の源泉徴収票は、地方税法における「特別徴収票」の様式をも兼ねており、原則として市区町村へも提出しなければなりません。

参考法令　所法199、231、所規94、100、地方税法50の９、328の14

《参考資料》（令和２年分）

１　給与所得の源泉徴収税額表（月額表）

（平成24年３月31日財務省告示第115号別表第一（平成31年３月29日財務省告示第97号改正））

２　賞与に対する源泉徴収税額の算出率の表

（平成24年３月31日財務省告示第115号別表第三（平成31年３月29日財務省告示第97号改正））

３　年末調整等のための給与所得控除後の給与等の金額の表

（所得税法別表第五）

４　年末調整のための算出所得税額の速算表

５　源泉徴収のための退職所得控除額の表

（所得税法別表第六）

1　給与所得の源泉徴収税額表（月額表）（令和２年分）

（一）　　（～166,999円）

その月の社会保険料等控除後の給与等の金額		甲								乙
		扶養親族等の数								
		0人	1人	2人	3人	4人	5人	6人	7人	
以上	未満	税額								税額
円	円	円	円	円	円	円	円	円	円	円
88,000円未満		0	0	0	0	0	0	0	0	その月の社会保険料等控除後の給与等の金額の3.063%に相当する金額
88,000	89,000	130	0	0	0	0	0	0	0	3,200
89,000	90,000	180	0	0	0	0	0	0	0	3,200
90,000	91,000	230	0	0	0	0	0	0	0	3,200
91,000	92,000	290	0	0	0	0	0	0	0	3,200
92,000	93,000	340	0	0	0	0	0	0	0	3,300
93,000	94,000	390	0	0	0	0	0	0	0	3,300
94,000	95,000	440	0	0	0	0	0	0	0	3,300
95,000	96,000	490	0	0	0	0	0	0	0	3,400
96,000	97,000	540	0	0	0	0	0	0	0	3,400
97,000	98,000	590	0	0	0	0	0	0	0	3,500
98,000	99,000	640	0	0	0	0	0	0	0	3,500
99,000	101,000	720	0	0	0	0	0	0	0	3,600
101,000	103,000	830	0	0	0	0	0	0	0	3,600
103,000	105,000	930	0	0	0	0	0	0	0	3,700
105,000	107,000	1,030	0	0	0	0	0	0	0	3,800
107,000	109,000	1,130	0	0	0	0	0	0	0	3,800
109,000	111,000	1,240	0	0	0	0	0	0	0	3,900
111,000	113,000	1,340	0	0	0	0	0	0	0	4,000
113,000	115,000	1,440	0	0	0	0	0	0	0	4,100
115,000	117,000	1,540	0	0	0	0	0	0	0	4,100
117,000	119,000	1,640	0	0	0	0	0	0	0	4,200
119,000	121,000	1,750	120	0	0	0	0	0	0	4,300
121,000	123,000	1,850	220	0	0	0	0	0	0	4,500
123,000	125,000	1,950	330	0	0	0	0	0	0	4,800
125,000	127,000	2,050	430	0	0	0	0	0	0	5,100
127,000	129,000	2,150	530	0	0	0	0	0	0	5,400
129,000	131,000	2,260	630	0	0	0	0	0	0	5,700
131,000	133,000	2,360	740	0	0	0	0	0	0	6,000
133,000	135,000	2,460	840	0	0	0	0	0	0	6,300
135,000	137,000	2,550	930	0	0	0	0	0	0	6,600
137,000	139,000	2,610	990	0	0	0	0	0	0	6,800
139,000	141,000	2,680	1,050	0	0	0	0	0	0	7,100
141,000	143,000	2,740	1,110	0	0	0	0	0	0	7,500
143,000	145,000	2,800	1,170	0	0	0	0	0	0	7,800
145,000	147,000	2,860	1,240	0	0	0	0	0	0	8,100
147,000	149,000	2,920	1,300	0	0	0	0	0	0	8,400
149,000	151,000	2,980	1,360	0	0	0	0	0	0	8,700
151,000	153,000	3,050	1,430	0	0	0	0	0	0	9,000
153,000	155,000	3,120	1,500	0	0	0	0	0	0	9,300
155,000	157,000	3,200	1,570	0	0	0	0	0	0	9,600
157,000	159,000	3,270	1,640	0	0	0	0	0	0	9,900
159,000	161,000	3,340	1,720	100	0	0	0	0	0	10,200
161,000	163,000	3,410	1,790	170	0	0	0	0	0	10,500
163,000	165,000	3,480	1,860	250	0	0	0	0	0	10,800
165,000	167,000	3,550	1,930	320	0	0	0	0	0	11,100

（二）

（167,000円～289,999円）

その月の社会保険料等控除後の給与等の金額		甲								乙
		扶養親族等の数								
		0人	1人	2人	3人	4人	5人	6人	7人	
以上	未満	税額								税額
円	円	円	円	円	円	円	円	円	円	円
167,000	169,000	3,620	2,000	390	0	0	0	0	0	11,400
169,000	171,000	3,700	2,070	460	0	0	0	0	0	11,700
171,000	173,000	3,770	2,140	530	0	0	0	0	0	12,000
173,000	175,000	3,840	2,220	600	0	0	0	0	0	12,400
175,000	177,000	3,910	2,290	670	0	0	0	0	0	12,700
177,000	179,000	3,980	2,360	750	0	0	0	0	0	13,200
179,000	181,000	4,050	2,430	820	0	0	0	0	0	13,900
181,000	183,000	4,120	2,500	890	0	0	0	0	0	14,600
183,000	185,000	4,200	2,570	960	0	0	0	0	0	15,300
185,000	187,000	4,270	2,640	1,030	0	0	0	0	0	16,000
187,000	189,000	4,340	2,720	1,100	0	0	0	0	0	16,700
189,000	191,000	4,410	2,790	1,170	0	0	0	0	0	17,500
191,000	193,000	4,480	2,860	1,250	0	0	0	0	0	18,100
193,000	195,000	4,550	2,930	1,320	0	0	0	0	0	18,800
195,000	197,000	4,630	3,000	1,390	0	0	0	0	0	19,500
197,000	199,000	4,700	3,070	1,460	0	0	0	0	0	20,200
199,000	201,000	4,770	3,140	1,530	0	0	0	0	0	20,900
201,000	203,000	4,840	3,220	1,600	0	0	0	0	0	21,500
203,000	205,000	4,910	3,290	1,670	0	0	0	0	0	22,200
205,000	207,000	4,980	3,360	1,750	130	0	0	0	0	22,700
207,000	209,000	5,050	3,430	1,820	200	0	0	0	0	23,300
209,000	211,000	5,130	3,500	1,890	280	0	0	0	0	23,900
211,000	213,000	5,200	3,570	1,960	350	0	0	0	0	24,400
213,000	215,000	5,270	3,640	2,030	420	0	0	0	0	25,000
215,000	217,000	5,340	3,720	2,100	490	0	0	0	0	25,500
217,000	219,000	5,410	3,790	2,170	560	0	0	0	0	26,100
219,000	221,000	5,480	3,860	2,250	630	0	0	0	0	26,800
221,000	224,000	5,560	3,950	2,340	710	0	0	0	0	27,400
224,000	227,000	5,680	4,060	2,440	830	0	0	0	0	28,400
227,000	230,000	5,780	4,170	2,550	930	0	0	0	0	29,300
230,000	233,000	5,890	4,280	2,650	1,040	0	0	0	0	30,300
233,000	236,000	5,990	4,380	2,770	1,140	0	0	0	0	31,300
236,000	239,000	6,110	4,490	2,870	1,260	0	0	0	0	32,400
239,000	242,000	6,210	4,590	2,980	1,360	0	0	0	0	33,400
242,000	245,000	6,320	4,710	3,080	1,470	0	0	0	0	34,400
245,000	248,000	6,420	4,810	3,200	1,570	0	0	0	0	35,400
248,000	251,000	6,530	4,920	3,300	1,680	0	0	0	0	36,400
251,000	254,000	6,640	5,020	3,410	1,790	170	0	0	0	37,500
254,000	257,000	6,750	5,140	3,510	1,900	290	0	0	0	38,500
257,000	260,000	6,850	5,240	3,620	2,000	390	0	0	0	39,400
260,000	263,000	6,960	5,350	3,730	2,110	500	0	0	0	40,400
263,000	266,000	7,070	5,450	3,840	2,220	600	0	0	0	41,500
266,000	269,000	7,180	5,560	3,940	2,330	710	0	0	0	42,500
269,000	272,000	7,280	5,670	4,050	2,430	820	0	0	0	43,500
272,000	275,000	7,390	5,780	4,160	2,540	930	0	0	0	44,500
275,000	278,000	7,490	5,880	4,270	2,640	1,030	0	0	0	45,500
278,000	281,000	7,610	5,990	4,370	2,760	1,140	0	0	0	46,600
281,000	284,000	7,710	6,100	4,480	2,860	1,250	0	0	0	47,600
284,000	287,000	7,820	6,210	4,580	2,970	1,360	0	0	0	48,600
287,000	290,000	7,920	6,310	4,700	3,070	1,460	0	0	0	49,700

（三）

（290,000円～439,999円）

その月の社会保険料等控除後の給与等の金額		甲								乙
		扶養親族等の数								
		0　人	1　人	2　人	3　人	4　人	5　人	6　人	7　人	
以　上	未　満	税額								税　額
円	円	円	円	円	円	円	円	円	円	円
290,000	293,000	8,040	6,420	4,800	3,190	1,570	0	0	0	50,900
293,000	296,000	8,140	6,520	4,910	3,290	1,670	0	0	0	52,100
296,000	299,000	8,250	6,640	5,010	3,400	1,790	160	0	0	52,900
299,000	302,000	8,420	6,740	5,130	3,510	1,890	280	0	0	53,700
302,000	305,000	8,670	6,860	5,250	3,630	2,010	400	0	0	54,500
305,000	308,000	8,910	6,980	5,370	3,760	2,130	520	0	0	55,200
308,000	311,000	9,160	7,110	5,490	3,880	2,260	640	0	0	56,100
311,000	314,000	9,400	7,230	5,620	4,000	2,380	770	0	0	56,900
314,000	317,000	9,650	7,350	5,740	4,120	2,500	890	0	0	57,800
317,000	320,000	9,890	7,470	5,860	4,250	2,620	1,010	0	0	58,800
320,000	323,000	10,140	7,600	5,980	4,370	2,750	1,130	0	0	59,800
323,000	326,000	10,380	7,720	6,110	4,490	2,870	1,260	0	0	60,900
326,000	329,000	10,630	7,840	6,230	4,610	2,990	1,380	0	0	61,900
329,000	332,000	10,870	7,960	6,350	4,740	3,110	1,500	0	0	62,900
332,000	335,000	11,120	8,090	6,470	4,860	3,240	1,620	0	0	63,900
335,000	338,000	11,360	8,210	6,600	4,980	3,360	1,750	130	0	64,900
338,000	341,000	11,610	8,370	6,720	5,110	3,480	1,870	260	0	66,000
341,000	344,000	11,850	8,620	6,840	5,230	3,600	1,990	380	0	67,000
344,000	347,000	12,100	8,860	6,960	5,350	3,730	2,110	500	0	68,000
347,000	350,000	12,340	9,110	7,090	5,470	3,850	2,240	620	0	69,000
350,000	353,000	12,590	9,350	7,210	5,600	3,970	2,360	750	0	70,000
353,000	356,000	12,830	9,600	7,330	5,720	4,090	2,480	870	0	71,100
356,000	359,000	13,080	9,840	7,450	5,840	4,220	2,600	990	0	72,100
359,000	362,000	13,320	10,090	7,580	5,960	4,340	2,730	1,110	0	73,100
362,000	365,000	13,570	10,330	7,700	6,090	4,460	2,850	1,240	0	74,200
365,000	368,000	13,810	10,580	7,820	6,210	4,580	2,970	1,360	0	75,200
368,000	371,000	14,060	10,820	7,940	6,330	4,710	3,090	1,480	0	76,200
371,000	374,000	14,300	11,070	8,070	6,450	4,830	3,220	1,600	0	77,100
374,000	377,000	14,550	11,310	8,190	6,580	4,950	3,340	1,730	100	78,100
377,000	380,000	14,790	11,560	8,320	6,700	5,070	3,460	1,850	220	79,000
380,000	383,000	15,040	11,800	8,570	6,820	5,200	3,580	1,970	350	79,900
383,000	386,000	15,280	12,050	8,810	6,940	5,320	3,710	2,090	470	81,400
386,000	389,000	15,530	12,290	9,060	7,070	5,440	3,830	2,220	590	83,100
389,000	392,000	15,770	12,540	9,300	7,190	5,560	3,950	2,340	710	84,700
392,000	395,000	16,020	12,780	9,550	7,310	5,690	4,070	2,460	840	86,500
395,000	398,000	16,260	13,030	9,790	7,430	5,810	4,200	2,580	960	88,200
398,000	401,000	16,510	13,270	10,040	7,560	5,930	4,320	2,710	1,080	89,800
401,000	404,000	16,750	13,520	10,280	7,680	6,050	4,440	2,830	1,200	91,600
404,000	407,000	17,000	13,760	10,530	7,800	6,180	4,560	2,950	1,330	93,300
407,000	410,000	17,240	14,010	10,770	7,920	6,300	4,690	3,070	1,450	95,000
410,000	413,000	17,490	14,250	11,020	8,050	6,420	4,810	3,200	1,570	96,700
413,000	416,000	17,730	14,500	11,260	8,170	6,540	4,930	3,320	1,690	98,300
416,000	419,000	17,980	14,740	11,510	8,290	6,670	5,050	3,440	1,820	100,100
419,000	422,000	18,220	14,990	11,750	8,530	6,790	5,180	3,560	1,940	101,800
422,000	425,000	18,470	15,230	12,000	8,770	6,910	5,300	3,690	2,060	103,400
425,000	428,000	18,710	15,480	12,240	9,020	7,030	5,420	3,810	2,180	105,200
428,000	431,000	18,960	15,720	12,490	9,260	7,160	5,540	3,930	2,310	106,900
431,000	434,000	19,210	15,970	12,730	9,510	7,280	5,670	4,050	2,430	108,500
434,000	437,000	19,450	16,210	12,980	9,750	7,400	5,790	4,180	2,550	110,300
437,000	440,000	19,700	16,460	13,220	10,000	7,520	5,910	4,300	2,680	112,000

（四）

（440,000円～589,999円）

その月の社会保険料等控除後の給与等の金額		甲								乙
		扶養親族等の数								
		0人	1人	2人	3人	4人	5人	6人	7人	
以上	未満	税額								税額
円	円	円	円	円	円	円	円	円	円	円
440,000	443,000	20,090	16,700	13,470	10,240	7,650	6,030	4,420	2,800	113,600
443,000	446,000	20,580	16,950	13,710	10,490	7,770	6,160	4,540	2,920	115,400
446,000	449,000	21,070	17,190	13,960	10,730	7,890	6,280	4,670	3,040	117,100
449,000	452,000	21,560	17,440	14,200	10,980	8,010	6,400	4,790	3,170	118,700
452,000	455,000	22,050	17,680	14,450	11,220	8,140	6,520	4,910	3,290	120,500
455,000	458,000	22,540	17,930	14,690	11,470	8,260	6,650	5,030	3,410	122,200
458,000	461,000	23,030	18,170	14,940	11,710	8,470	6,770	5,160	3,530	123,800
461,000	464,000	23,520	18,420	15,180	11,960	8,720	6,890	5,280	3,660	125,600
464,000	467,000	24,010	18,660	15,430	12,200	8,960	7,010	5,400	3,780	127,300
467,000	470,000	24,500	18,910	15,670	12,450	9,210	7,140	5,520	3,900	129,000
470,000	473,000	24,990	19,150	15,920	12,690	9,450	7,260	5,650	4,020	130,700
473,000	476,000	25,480	19,400	16,160	12,940	9,700	7,380	5,770	4,150	132,300
476,000	479,000	25,970	19,640	16,410	13,180	9,940	7,500	5,890	4,270	134,000
479,000	482,000	26,460	20,000	16,650	13,430	10,190	7,630	6,010	4,390	135,600
482,000	485,000	26,950	20,490	16,900	13,670	10,430	7,750	6,140	4,510	137,200
485,000	488,000	27,440	20,980	17,140	13,920	10,680	7,870	6,260	4,640	138,800
488,000	491,000	27,930	21,470	17,390	14,160	10,920	7,990	6,380	4,760	140,400
491,000	494,000	28,420	21,960	17,630	14,410	11,170	8,120	6,500	4,880	142,000
494,000	497,000	28,910	22,450	17,880	14,650	11,410	8,240	6,630	5,000	143,700
497,000	500,000	29,400	22,940	18,120	14,900	11,660	8,420	6,750	5,130	145,200
500,000	503,000	29,890	23,430	18,370	15,140	11,900	8,670	6,870	5,250	146,800
503,000	506,000	30,380	23,920	18,610	15,390	12,150	8,910	6,990	5,370	148,500
506,000	509,000	30,880	24,410	18,860	15,630	12,390	9,160	7,120	5,490	150,100
509,000	512,000	31,370	24,900	19,100	15,880	12,640	9,400	7,240	5,620	151,600
512,000	515,000	31,860	25,390	19,350	16,120	12,890	9,650	7,360	5,740	153,300
515,000	518,000	32,350	25,880	19,590	16,370	13,130	9,890	7,480	5,860	154,900
518,000	521,000	32,840	26,370	19,900	16,610	13,380	10,140	7,610	5,980	156,500
521,000	524,000	33,330	26,860	20,390	16,860	13,620	10,380	7,730	6,110	158,100
524,000	527,000	33,820	27,350	20,880	17,100	13,870	10,630	7,850	6,230	159,600
527,000	530,000	34,310	27,840	21,370	17,350	14,110	10,870	7,970	6,350	161,000
530,000	533,000	34,800	28,330	21,860	17,590	14,360	11,120	8,100	6,470	162,500
533,000	536,000	35,290	28,820	22,350	17,840	14,600	11,360	8,220	6,600	164,000
536,000	539,000	35,780	29,310	22,840	18,080	14,850	11,610	8,380	6,720	165,400
539,000	542,000	36,270	29,800	23,330	18,330	15,090	11,850	8,630	6,840	166,900
542,000	545,000	36,760	30,290	23,820	18,570	15,340	12,100	8,870	6,960	168,400
545,000	548,000	37,250	30,780	24,310	18,820	15,580	12,340	9,120	7,090	169,900
548,000	551,000	37,740	31,270	24,800	19,060	15,830	12,590	9,360	7,210	171,300
551,000	554,000	38,280	31,810	25,340	19,330	16,100	12,860	9,630	7,350	172,800
554,000	557,000	38,830	32,370	25,890	19,600	16,380	13,140	9,900	7,480	174,300
557,000	560,000	39,380	32,920	26,440	19,980	16,650	13,420	10,180	7,630	175,700
560,000	563,000	39,930	33,470	27,000	20,530	16,930	13,690	10,460	7,760	177,200
563,000	566,000	40,480	34,020	27,550	21,080	17,200	13,970	10,730	7,900	178,700
566,000	569,000	41,030	34,570	28,100	21,630	17,480	14,240	11,010	8,040	180,100
569,000	572,000	41,590	35,120	28,650	22,190	17,760	14,520	11,280	8,180	181,600
572,000	575,000	42,140	35,670	29,200	22,740	18,030	14,790	11,560	8,330	183,100
575,000	578,000	42,690	36,230	29,750	23,290	18,310	15,070	11,830	8,610	184,600
578,000	581,000	43,240	36,780	30,300	23,840	18,580	15,350	12,110	8,880	186,000
581,000	584,000	43,790	37,330	30,850	24,390	18,860	15,620	12,380	9,160	187,500
584,000	587,000	44,340	37,880	31,410	24,940	19,130	15,900	12,660	9,430	189,000
587,000	590,000	44,890	38,430	31,960	25,490	19,410	16,170	12,940	9,710	190,400

（五）

（590,000円～739,999円）

その月の社会保険料等控除後の給与等の金額		甲								乙
		扶養親族等の数								
		0人	1人	2人	3人	4人	5人	6人	7人	
以上	未満	税額								税額
円	円	円	円	円	円	円	円	円	円	円
590,000	593,000	45,440	38,980	32,510	26,050	19,680	16,450	13,210	9,990	191,900
593,000	596,000	46,000	39,530	33,060	26,600	20,130	16,720	13,490	10,260	193,400
596,000	599,000	46,550	40,080	33,610	27,150	20,690	17,000	13,760	10,540	194,800
599,000	602,000	47,100	40,640	34,160	27,700	21,240	17,280	14,040	10,810	196,300
602,000	605,000	47,650	41,190	34,710	28,250	21,790	17,550	14,310	11,090	197,800
605,000	608,000	48,200	41,740	35,270	28,800	22,340	17,830	14,590	11,360	199,300
608,000	611,000	48,750	42,290	35,820	29,350	22,890	18,100	14,870	11,640	200,700
611,000	614,000	49,300	42,840	36,370	29,910	23,440	18,380	15,140	11,920	202,200
614,000	617,000	49,860	43,390	36,920	30,460	23,990	18,650	15,420	12,190	203,700
617,000	620,000	50,410	43,940	37,470	31,010	24,540	18,930	15,690	12,470	205,100
620,000	623,000	50,960	44,500	38,020	31,560	25,100	19,210	15,970	12,740	206,700
623,000	626,000	51,510	45,050	38,570	32,110	25,650	19,480	16,240	13,020	208,100
626,000	629,000	52,060	45,600	39,120	32,660	26,200	19,760	16,520	13,290	209,500
629,000	632,000	52,610	46,150	39,680	33,210	26,750	20,280	16,800	13,570	211,000
632,000	635,000	53,160	46,700	40,230	33,760	27,300	20,830	17,070	13,840	212,500
635,000	638,000	53,710	47,250	40,780	34,320	27,850	21,380	17,350	14,120	214,000
638,000	641,000	54,270	47,800	41,330	34,870	28,400	21,930	17,620	14,400	214,900
641,000	644,000	54,820	48,350	41,880	35,420	28,960	22,480	17,900	14,670	215,900
644,000	647,000	55,370	48,910	42,430	35,970	29,510	23,030	18,170	14,950	217,000
647,000	650,000	55,920	49,460	42,980	36,520	30,060	23,590	18,450	15,220	218,000
650,000	653,000	56,470	50,010	43,540	37,070	30,610	24,140	18,730	15,500	219,000
653,000	656,000	57,020	50,560	44,090	37,620	31,160	24,690	19,000	15,770	220,000
656,000	659,000	57,570	51,110	44,640	38,180	31,710	25,240	19,280	16,050	221,000
659,000	662,000	58,130	51,660	45,190	38,730	32,260	25,790	19,550	16,330	222,100
662,000	665,000	58,680	52,210	45,740	39,280	32,810	26,340	19,880	16,600	223,100
665,000	668,000	59,230	52,770	46,290	39,830	33,370	26,890	20,430	16,880	224,100
668,000	671,000	59,780	53,320	46,840	40,380	33,920	27,440	20,980	17,150	225,000
671,000	674,000	60,330	53,870	47,390	40,930	34,470	28,000	21,530	17,430	226,000
674,000	677,000	60,880	54,420	47,950	41,480	35,020	28,550	22,080	17,700	227,100
677,000	680,000	61,430	54,970	48,500	42,030	35,570	29,100	22,640	17,980	228,100
680,000	683,000	61,980	55,520	49,050	42,590	36,120	29,650	23,190	18,260	229,100
683,000	686,000	62,540	56,070	49,600	43,140	36,670	30,200	23,740	18,530	230,400
686,000	689,000	63,090	56,620	50,150	43,690	37,230	30,750	24,290	18,810	232,100
689,000	692,000	63,640	57,180	50,700	44,240	37,780	31,300	24,840	19,080	233,600
692,000	695,000	64,190	57,730	51,250	44,790	38,330	31,860	25,390	19,360	235,100
695,000	698,000	64,740	58,280	51,810	45,340	38,880	32,410	25,940	19,630	236,700
698,000	701,000	65,290	58,830	52,360	45,890	39,430	32,960	26,490	20,030	238,200
701,000	704,000	65,840	59,380	52,910	46,450	39,980	33,510	27,050	20,580	239,700
704,000	707,000	66,400	59,930	53,460	47,000	40,530	34,060	27,600	21,130	241,300
707,000	710,000	66,960	60,480	54,020	47,550	41,090	34,620	28,150	21,690	242,900
710,000	713,000	67,570	61,100	54,630	48,160	41,700	35,230	28,760	22,300	244,400
713,000	716,000	68,180	61,710	55,250	48,770	42,310	35,850	29,370	22,910	246,000
716,000	719,000	68,790	62,320	55,860	49,390	42,920	36,460	29,990	23,520	247,500
719,000	722,000	69,410	62,930	56,470	50,000	43,540	37,070	30,600	24,140	249,000
722,000	725,000	70,020	63,550	57,080	50,610	44,150	37,690	31,210	24,750	250,600
725,000	728,000	70,630	64,160	57,700	51,220	44,760	38,300	31,820	25,360	252,200
728,000	731,000	71,250	64,770	58,310	51,840	45,370	38,910	32,440	25,970	253,700
731,000	734,000	71,860	65,380	58,920	52,450	45,990	39,520	33,050	26,590	255,300
734,000	737,000	72,470	66,000	59,530	53,060	46,600	40,140	33,660	27,200	256,800
737,000	740,000	73,080	66,610	60,150	53,670	47,210	40,750	34,270	27,810	258,300

（六）　　（740,000円〜3,499,999円）

その月の社会保険料等控除後の給与等の金額		甲								乙
		扶養親族等の数								
		0人	1人	2人	3人	4人	5人	6人	7人	
以上	未満	税額								税額
740,000円		円 73,390	円 66,920	円 60,450	円 53,980	円 47,520	円 41,050	円 34,580	円 28,120	円 259,800
740,000円を超え780,000円に満たない金額		740,000円の場合の税額に、その月の社会保険料等控除後の給与等の金額のうち740,000円を超える金額の20.42％に相当する金額を加算した金額								259,800円に、その月の社会保険料等控除後の給与等の金額のうち740,000円を超える金額の40.84％に相当する金額を加算した金額
780,000円		円 81,560	円 75,090	円 68,620	円 62,150	円 55,690	円 49,220	円 42,750	円 36,290	
780,000円を超え950,000円に満たない金額		780,000円の場合の税額に、その月の社会保険料等控除後の給与等の金額のうち780,000円を超える金額の23.483％に相当する金額を加算した金額								
950,000円		円 121,480	円 115,010	円 108,540	円 102,070	円 95,610	円 89,140	円 82,670	円 76,210	
950,000円を超え1,700,000円に満たない金額		950,000円の場合の税額に、その月の社会保険料等控除後の給与等の金額のうち950,000円を超える金額の33.693％に相当する金額を加算した金額								
1,700,000円		円 374,180	円 367,710	円 361,240	円 354,770	円 348,310	円 341,840	円 335,370	円 328,910	円 651,900
1,700,000円を超え2,170,000円に満たない金額		1,700,000円の場合の税額に、その月の社会保険料等控除後の給与等の金額のうち1,700,000円を超える金額の40.84％に相当する金額を加算した金額								651,900円に、その月の社会保険料等控除後の給与等の金額のうち1,700,000円を超える金額の45.945％に相当する金額を加算した金額
2,170,000円		円 571,570	円 565,090	円 558,630	円 552,160	円 545,690	円 539,230	円 532,760	円 526,290	
2,170,000円を超え2,210,000円に満たない金額		2,170,000円の場合の税額に、その月の社会保険料等控除後の給与等の金額のうち2,170,000円を超える金額の40.84％に相当する金額を加算した金額								
2,210,000円		円 593,340	円 586,870	円 580,410	円 573,930	円 567,470	円 561,010	円 554,540	円 548,070	
2,210,000円を超え2,250,000円に満たない金額		2,210,000円の場合の税額に、その月の社会保険料等控除後の給与等の金額のうち2,210,000円を超える金額の40.84％に相当する金額を加算した金額								
2,250,000円		円 615,120	円 608,650	円 602,190	円 595,710	円 589,250	円 582,790	円 576,310	円 569,850	
2,250,000円を超え3,500,000円に満たない金額		2,250,000円の場合の税額に、その月の社会保険料等控除後の給与等の金額のうち2,250,000円を超える金額の40.84％に相当する金額を加算した金額								

（七）　　（3,500,000円～）

<table>
<tr><td colspan="2" rowspan="3">その月の社会保険料等控除後の給与等の金額</td><td colspan="8">甲</td><td rowspan="3">乙</td></tr>
<tr><td colspan="8">扶養親族等の数</td></tr>
<tr><td>0 人</td><td>1 人</td><td>2 人</td><td>3 人</td><td>4 人</td><td>5 人</td><td>6 人</td><td>7 人</td></tr>
<tr><td>以上</td><td>未満</td><td colspan="8">税額</td><td>税額</td></tr>
<tr><td colspan="2">3,500,000円</td><td>円
1,125,620</td><td>円
1,119,150</td><td>円
1,112,690</td><td>円
1,106,210</td><td>円
1,099,750</td><td>円
1,093,290</td><td>円
1,086,810</td><td>円
1,080,350</td><td rowspan="2">651,900円に、その月の社会保険料等控除後の給与等の金額のうち1,700,000円を超える金額の45.945％に相当する金額を加算した金額</td></tr>
<tr><td colspan="2">3,500,000円を超える金額</td><td colspan="8">3,500,000円の場合の税額に、その月の社会保険料等控除後の給与等の金額のうち3,500,000円を超える金額の45.945％に相当する金額を加算した金額</td></tr>
<tr><td colspan="10">扶養親族等の数が７人を超える場合には、扶養親族等の数が７人の場合の税額から、その７人を超える１人ごとに1,610円を控除した金額</td><td>従たる給与についての扶養控除等申告書が提出されている場合には、当該申告書に記載された扶養親族等の数に応じ、扶養親族等１人ごとに1,610円を、上の各欄によって求めた税額から控除した金額</td></tr>
</table>

2　賞与に対する源泉徴収税額の算出率の表（令和２年分）

賞与に対する源泉徴収税額の算出率の表（令和２年分）

賞与の金額に乗ずべき率	甲																乙	
	扶養親族等の数																	
	0人		1人		2人		3人		4人		5人		6人		7人以上			
	前月の社会保険料等控除後の給与等の金額																前月の社会保険料等控除後の給与等の金額	
	以上	未満	以上	未満	以上	未満	以上	未満	以上	未満	以上	未満	以上	未満	以上	未満	以上	未満
%	千円	千円	千円	千円	千円	千円	千円	千円	千円	千円	千円	千円	千円	千円	千円	千円	千円	千円
0.000	68 千円未満		94 千円未満		133 千円未満		171 千円未満		210 千円未満		243 千円未満		275 千円未満		308 千円未満			
2.042	68	79	94	243	133	269	171	295	210	300	243	300	275	333	308	372		
4.084	79	252	243	282	269	312	295	345	300	378	300	406	333	431	372	456		
6.126	252	300	282	338	312	369	345	398	378	424	406	450	431	476	456	502		
8.168	300	334	338	365	369	393	398	417	424	444	450	472	476	499	502	523		
10.210	334	363	365	394	393	420	417	445	444	470	472	496	499	521	523	545	222千円未満	
12.252	363	395	394	422	420	450	445	477	470	503	496	525	521	547	545	571		
14.294	395	426	422	455	450	484	477	510	503	534	525	557	547	582	571	607		
16.336	426	520	455	520	484	520	510	544	534	570	557	597	582	623	607	650		
18.378	520	601	520	617	520	632	544	647	570	662	597	677	623	693	650	708		
20.420	601	678	617	699	632	721	647	745	662	768	677	792	693	815	708	838	222	293
22.462	678	708	699	733	721	757	745	782	768	806	792	831	815	856	838	880		
24.504	708	745	733	771	757	797	782	823	806	849	831	875	856	900	880	926		
26.546	745	788	771	814	797	841	823	868	849	896	875	923	900	950	926	978		
28.588	788	846	814	874	841	902	868	931	896	959	923	987	950	1,015	978	1,043		
30.630	846	914	874	944	902	975	931	1,005	959	1,036	987	1,066	1,015	1,096	1,043	1,127	293	524
32.672	914	1,312	944	1,336	975	1,360	1,005	1,385	1,036	1,409	1,066	1,434	1,096	1,458	1,127	1,482		
35.735	1,312	1,521	1,336	1,526	1,360	1,526	1,385	1,538	1,409	1,555	1,434	1,555	1,458	1,555	1,482	1,583		
38.798	1,521	2,621	1,526	2,645	1,526	2,669	1,538	2,693	1,555	2,716	1,555	2,740	1,555	2,764	1,583	2,788	524	1,118
41.861	2,621	3,495	2,645	3,527	2,669	3,559	2,693	3,590	2,716	3,622	2,740	3,654	2,764	3,685	2,788	3,717		
45.945	3,495 千円以上		3,527 千円以上		3,559 千円以上		3,590 千円以上		3,622 千円以上		3,654 千円以上		3,685 千円以上		3,717 千円以上		1,118 千円以上	

3　年末調整等のための給与所得控除後の給与等の金額の表（令和２年分）

（一）

給与等の金額		給与所得控除後の給与等の金額	給与等の金額		給与所得控除後の給与等の金額	給与等の金額		給与所得控除後の給与等の金額
以上	未満		以上	未満		以上	未満	
円	円	円	円	円	円	円	円	円
551,000円未満		0	1,772,000	1,776,000	1,163,200	1,972,000	1,976,000	1,300,400
			1,776,000	1,780,000	1,165,600	1,976,000	1,980,000	1,303,200
			1,780,000	1,784,000	1,168,000	1,980,000	1,984,000	1,306,000
			1,784,000	1,788,000	1,170,400	1,984,000	1,988,000	1,308,800
			1,788,000	1,792,000	1,172,800	1,988,000	1,992,000	1,311,600
551,000	1,619,000	給与等の金額から550,000円を控除した金額	1,792,000	1,796,000	1,175,200	1,992,000	1,996,000	1,314,400
			1,796,000	1,800,000	1,177,600	1,996,000	2,000,000	1,317,200
			1,800,000	1,804,000	1,180,000	2,000,000	2,004,000	1,320,000
			1,804,000	1,808,000	1,182,800	2,004,000	2,008,000	1,322,800
			1,808,000	1,812,000	1,185,600	2,008,000	2,012,000	1,325,600
1,619,000	1,620,000	1,069,000	1,812,000	1,816,000	1,188,400	2,012,000	2,016,000	1,328,400
1,620,000	1,622,000	1,070,000	1,816,000	1,820,000	1,191,200	2,016,000	2,020,000	1,331,200
1,622,000	1,624,000	1,072,000	1,820,000	1,824,000	1,194,000	2,020,000	2,024,000	1,334,000
1,624,000	1,628,000	1,074,000	1,824,000	1,828,000	1,196,800	2,024,000	2,028,000	1,336,800
1,628,000	1,632,000	1,076,800	1,828,000	1,832,000	1,199,600	2,028,000	2,032,000	1,339,600
1,632,000	1,636,000	1,079,200	1,832,000	1,836,000	1,202,400	2,032,000	2,036,000	1,342,400
1,636,000	1,640,000	1,081,600	1,836,000	1,840,000	1,205,200	2,036,000	2,040,000	1,345,200
1,640,000	1,644,000	1,084,000	1,840,000	1,844,000	1,208,000	2,040,000	2,044,000	1,348,000
1,644,000	1,648,000	1,086,400	1,844,000	1,848,000	1,210,800	2,044,000	2,048,000	1,350,800
1,648,000	1,652,000	1,088,800	1,848,000	1,852,000	1,213,600	2,048,000	2,052,000	1,353,600
1,652,000	1,656,000	1,091,200	1,852,000	1,856,000	1,216,400	2,052,000	2,056,000	1,356,400
1,656,000	1,660,000	1,093,600	1,856,000	1,860,000	1,219,200	2,056,000	2,060,000	1,359,200
1,660,000	1,664,000	1,096,000	1,860,000	1,864,000	1,222,000	2,060,000	2,064,000	1,362,000
1,664,000	1,668,000	1,098,400	1,864,000	1,868,000	1,224,800	2,064,000	2,068,000	1,364,800
1,668,000	1,672,000	1,100,800	1,868,000	1,872,000	1,227,600	2,068,000	2,072,000	1,367,600
1,672,000	1,676,000	1,103,200	1,872,000	1,876,000	1,230,400	2,072,000	2,076,000	1,370,400
1,676,000	1,680,000	1,105,600	1,876,000	1,880,000	1,233,200	2,076,000	2,080,000	1,373,200
1,680,000	1,684,000	1,108,000	1,880,000	1,884,000	1,236,000	2,080,000	2,084,000	1,376,000
1,684,000	1,688,000	1,110,400	1,884,000	1,888,000	1,238,800	2,084,000	2,088,000	1,378,800
1,688,000	1,692,000	1,112,800	1,888,000	1,892,000	1,241,600	2,088,000	2,092,000	1,381,600
1,692,000	1,696,000	1,115,200	1,892,000	1,896,000	1,244,400	2,092,000	2,096,000	1,384,400
1,696,000	1,700,000	1,117,600	1,896,000	1,900,000	1,247,200	2,096,000	2,100,000	1,387,200
1,700,000	1,704,000	1,120,000	1,900,000	1,904,000	1,250,000	2,100,000	2,104,000	1,390,000
1,704,000	1,708,000	1,122,400	1,904,000	1,908,000	1,252,800	2,104,000	2,108,000	1,392,800
1,708,000	1,712,000	1,124,800	1,908,000	1,912,000	1,255,600	2,108,000	2,112,000	1,395,600
1,712,000	1,716,000	1,127,200	1,912,000	1,916,000	1,258,400	2,112,000	2,116,000	1,398,400
1,716,000	1,720,000	1,129,600	1,916,000	1,920,000	1,261,200	2,116,000	2,120,000	1,401,200
1,720,000	1,724,000	1,132,000	1,920,000	1,924,000	1,264,000	2,120,000	2,124,000	1,404,000
1,724,000	1,728,000	1,134,400	1,924,000	1,928,000	1,266,800	2,124,000	2,128,000	1,406,800
1,728,000	1,732,000	1,136,800	1,928,000	1,932,000	1,269,600	2,128,000	2,132,000	1,409,600
1,732,000	1,736,000	1,139,200	1,932,000	1,936,000	1,272,400	2,132,000	2,136,000	1,412,400
1,736,000	1,740,000	1,141,600	1,936,000	1,940,000	1,275,200	2,136,000	2,140,000	1,415,200
1,740,000	1,744,000	1,144,000	1,940,000	1,944,000	1,278,000	2,140,000	2,144,000	1,418,000
1,744,000	1,748,000	1,146,400	1,944,000	1,948,000	1,280,800	2,144,000	2,148,000	1,420,800
1,748,000	1,752,000	1,148,800	1,948,000	1,952,000	1,283,600	2,148,000	2,152,000	1,423,600
1,752,000	1,756,000	1,151,200	1,952,000	1,956,000	1,286,400	2,152,000	2,156,000	1,426,400
1,756,000	1,760,000	1,153,600	1,956,000	1,960,000	1,289,200	2,156,000	2,160,000	1,429,200
1,760,000	1,764,000	1,156,000	1,960,000	1,964,000	1,292,000	2,160,000	2,164,000	1,432,000
1,764,000	1,768,000	1,158,400	1,964,000	1,968,000	1,294,800	2,164,000	2,168,000	1,434,800
1,768,000	1,772,000	1,160,800	1,968,000	1,972,000	1,297,600	2,168,000	2,172,000	1,437,600

(二)

給与等の金額		給与所得控除後の給与等の金額	給与等の金額		給与所得控除後の給与等の金額	給与等の金額		給与所得控除後の給与等の金額
以　上	未　満		以　上	未　満		以　上	未　満	
円	円	円	円	円	円	円	円	円
2,172,000	2,176,000	1,440,400	2,372,000	2,376,000	1,580,400	2,572,000	2,576,000	1,720,400
2,176,000	2,180,000	1,443,200	2,376,000	2,380,000	1,583,200	2,576,000	2,580,000	1,723,200
2,180,000	2,184,000	1,446,000	2,380,000	2,384,000	1,586,000	2,580,000	2,584,000	1,726,000
2,184,000	2,188,000	1,448,800	2,384,000	2,388,000	1,588,800	2,584,000	2,588,000	1,728,800
2,188,000	2,192,000	1,451,600	2,388,000	2,392,000	1,591,600	2,588,000	2,592,000	1,731,600
2,192,000	2,196,000	1,454,400	2,392,000	2,396,000	1,594,400	2,592,000	2,596,000	1,734,400
2,196,000	2,200,000	1,457,200	2,396,000	2,400,000	1,597,200	2,596,000	2,600,000	1,737,200
2,200,000	2,204,000	1,460,000	2,400,000	2,404,000	1,600,000	2,600,000	2,604,000	1,740,000
2,204,000	2,208,000	1,462,800	2,404,000	2,408,000	1,602,800	2,604,000	2,608,000	1,742,800
2,208,000	2,212,000	1,465,600	2,408,000	2,412,000	1,605,600	2,608,000	2,612,000	1,745,600
2,212,000	2,216,000	1,468,400	2,412,000	2,416,000	1,608,400	2,612,000	2,616,000	1,748,400
2,216,000	2,220,000	1,471,200	2,416,000	2,420,000	1,611,200	2,616,000	2,620,000	1,751,200
2,220,000	2,224,000	1,474,000	2,420,000	2,424,000	1,614,000	2,620,000	2,624,000	1,754,000
2,224,000	2,228,000	1,476,800	2,424,000	2,428,000	1,616,800	2,624,000	2,628,000	1,756,800
2,228,000	2,232,000	1,479,600	2,428,000	2,432,000	1,619,600	2,628,000	2,632,000	1,759,600
2,232,000	2,236,000	1,482,400	2,432,000	2,436,000	1,622,400	2,632,000	2,636,000	1,762,400
2,236,000	2,240,000	1,485,200	2,436,000	2,440,000	1,625,200	2,636,000	2,640,000	1,765,200
2,240,000	2,244,000	1,488,000	2,440,000	2,444,000	1,628,000	2,640,000	2,644,000	1,768,000
2,244,000	2,248,000	1,490,800	2,444,000	2,448,000	1,630,800	2,644,000	2,648,000	1,770,800
2,248,000	2,252,000	1,493,600	2,448,000	2,452,000	1,633,600	2,648,000	2,652,000	1,773,600
2,252,000	2,256,000	1,496,400	2,452,000	2,456,000	1,636,400	2,652,000	2,656,000	1,776,400
2,256,000	2,260,000	1,499,200	2,456,000	2,460,000	1,639,200	2,656,000	2,660,000	1,779,200
2,260,000	2,264,000	1,502,000	2,460,000	2,464,000	1,642,000	2,660,000	2,664,000	1,782,000
2,264,000	2,268,000	1,504,800	2,464,000	2,468,000	1,644,800	2,664,000	2,668,000	1,784,800
2,268,000	2,272,000	1,507,600	2,468,000	2,472,000	1,647,600	2,668,000	2,672,000	1,787,600
2,272,000	2,276,000	1,510,400	2,472,000	2,476,000	1,650,400	2,672,000	2,676,000	1,790,400
2,276,000	2,280,000	1,513,200	2,476,000	2,480,000	1,653,200	2,676,000	2,680,000	1,793,200
2,280,000	2,284,000	1,516,000	2,480,000	2,484,000	1,656,000	2,680,000	2,684,000	1,796,000
2,284,000	2,288,000	1,518,800	2,484,000	2,488,000	1,658,800	2,684,000	2,688,000	1,798,800
2,288,000	2,292,000	1,521,600	2,488,000	2,492,000	1,661,600	2,688,000	2,692,000	1,801,600
2,292,000	2,296,000	1,524,400	2,492,000	2,496,000	1,664,400	2,692,000	2,696,000	1,804,400
2,296,000	2,300,000	1,527,200	2,496,000	2,500,000	1,667,200	2,696,000	2,700,000	1,807,200
2,300,000	2,304,000	1,530,000	2,500,000	2,504,000	1,670,000	2,700,000	2,704,000	1,810,000
2,304,000	2,308,000	1,532,800	2,504,000	2,508,000	1,672,800	2,704,000	2,708,000	1,812,800
2,308,000	2,312,000	1,535,600	2,508,000	2,512,000	1,675,600	2,708,000	2,712,000	1,815,600
2,312,000	2,316,000	1,538,400	2,512,000	2,516,000	1,678,400	2,712,000	2,716,000	1,818,400
2,316,000	2,320,000	1,541,200	2,516,000	2,520,000	1,681,200	2,716,000	2,720,000	1,821,200
2,320,000	2,324,000	1,544,000	2,520,000	2,524,000	1,684,000	2,720,000	2,724,000	1,824,000
2,324,000	2,328,000	1,546,800	2,524,000	2,528,000	1,686,800	2,724,000	2,728,000	1,826,800
2,328,000	2,332,000	1,549,600	2,528,000	2,532,000	1,689,600	2,728,000	2,732,000	1,829,600
2,332,000	2,336,000	1,552,400	2,532,000	2,536,000	1,692,400	2,732,000	2,736,000	1,832,400
2,336,000	2,340,000	1,555,200	2,536,000	2,540,000	1,695,200	2,736,000	2,740,000	1,835,200
2,340,000	2,344,000	1,558,000	2,540,000	2,544,000	1,698,000	2,740,000	2,744,000	1,838,000
2,344,000	2,348,000	1,560,800	2,544,000	2,548,000	1,700,800	2,744,000	2,748,000	1,840,800
2,348,000	2,352,000	1,563,600	2,548,000	2,552,000	1,703,600	2,748,000	2,752,000	1,843,600
2,352,000	2,356,000	1,566,400	2,552,000	2,556,000	1,706,400	2,752,000	2,756,000	1,846,400
2,356,000	2,360,000	1,569,200	2,556,000	2,560,000	1,709,200	2,756,000	2,760,000	1,849,200
2,360,000	2,364,000	1,572,000	2,560,000	2,564,000	1,712,000	2,760,000	2,764,000	1,852,000
2,364,000	2,368,000	1,574,800	2,564,000	2,568,000	1,714,800	2,764,000	2,768,000	1,854,800
2,368,000	2,372,000	1,577,600	2,568,000	2,572,000	1,717,600	2,768,000	2,772,000	1,857,600

(三)

給与等の金額		給与所得控除後の給与等の金額	給与等の金額		給与所得控除後の給与等の金額	給与等の金額		給与所得控除後の給与等の金額
以上	未満		以上	未満		以上	未満	
円	円	円	円	円	円	円	円	円
2,772,000	2,776,000	1,860,400	2,972,000	2,976,000	2,000,400	3,172,000	3,176,000	2,140,400
2,776,000	2,780,000	1,863,200	2,976,000	2,980,000	2,003,200	3,176,000	3,180,000	2,143,200
2,780,000	2,784,000	1,866,000	2,980,000	2,984,000	2,006,000	3,180,000	3,184,000	2,146,000
2,784,000	2,788,000	1,868,800	2,984,000	2,988,000	2,008,800	3,184,000	3,188,000	2,148,800
2,788,000	2,792,000	1,871,600	2,988,000	2,992,000	2,011,600	3,188,000	3,192,000	2,151,600
2,792,000	2,796,000	1,874,400	2,992,000	2,996,000	2,014,400	3,192,000	3,196,000	2,154,400
2,796,000	2,800,000	1,877,200	2,996,000	3,000,000	2,017,200	3,196,000	3,200,000	2,157,200
2,800,000	2,804,000	1,880,000	3,000,000	3,004,000	2,020,000	3,200,000	3,204,000	2,160,000
2,804,000	2,808,000	1,882,800	3,004,000	3,008,000	2,022,800	3,204,000	3,208,000	2,162,800
2,808,000	2,812,000	1,885,600	3,008,000	3,012,000	2,025,600	3,208,000	3,212,000	2,165,600
2,812,000	2,816,000	1,888,400	3,012,000	3,016,000	2,028,400	3,212,000	3,216,000	2,168,400
2,816,000	2,820,000	1,891,200	3,016,000	3,020,000	2,031,200	3,216,000	3,220,000	2,171,200
2,820,000	2,824,000	1,894,000	3,020,000	3,024,000	2,034,000	3,220,000	3,224,000	2,174,000
2,824,000	2,828,000	1,896,800	3,024,000	3,028,000	2,036,800	3,224,000	3,228,000	2,176,800
2,828,000	2,832,000	1,899,600	3,028,000	3,032,000	2,039,600	3,228,000	3,232,000	2,179,600
2,832,000	2,836,000	1,902,400	3,032,000	3,036,000	2,042,400	3,232,000	3,236,000	2,182,400
2,836,000	2,840,000	1,905,200	3,036,000	3,040,000	2,045,200	3,236,000	3,240,000	2,185,200
2,840,000	2,844,000	1,908,000	3,040,000	3,044,000	2,048,000	3,240,000	3,244,000	2,188,000
2,844,000	2,848,000	1,910,800	3,044,000	3,048,000	2,050,800	3,244,000	3,248,000	2,190,800
2,848,000	2,852,000	1,913,600	3,048,000	3,052,000	2,053,600	3,248,000	3,252,000	2,193,600
2,852,000	2,856,000	1,916,400	3,052,000	3,056,000	2,056,400	3,252,000	3,256,000	2,196,400
2,856,000	2,860,000	1,919,200	3,056,000	3,060,000	2,059,200	3,256,000	3,260,000	2,199,200
2,860,000	2,864,000	1,922,000	3,060,000	3,064,000	2,062,000	3,260,000	3,264,000	2,202,000
2,864,000	2,868,000	1,924,800	3,064,000	3,068,000	2,064,800	3,264,000	3,268,000	2,204,800
2,868,000	2,872,000	1,927,600	3,068,000	3,072,000	2,067,600	3,268,000	3,272,000	2,207,600
2,872,000	2,876,000	1,930,400	3,072,000	3,076,000	2,070,400	3,272,000	3,276,000	2,210,400
2,876,000	2,880,000	1,933,200	3,076,000	3,080,000	2,073,200	3,276,000	3,280,000	2,213,200
2,880,000	2,884,000	1,936,000	3,080,000	3,084,000	2,076,000	3,280,000	3,284,000	2,216,000
2,884,000	2,888,000	1,938,800	3,084,000	3,088,000	2,078,800	3,284,000	3,288,000	2,218,800
2,888,000	2,892,000	1,941,600	3,088,000	3,092,000	2,081,600	3,288,000	3,292,000	2,221,600
2,892,000	2,896,000	1,944,400	3,092,000	3,096,000	2,084,400	3,292,000	3,296,000	2,224,400
2,896,000	2,900,000	1,947,200	3,096,000	3,100,000	2,087,200	3,296,000	3,300,000	2,227,200
2,900,000	2,904,000	1,950,000	3,100,000	3,104,000	2,090,000	3,300,000	3,304,000	2,230,000
2,904,000	2,908,000	1,952,800	3,104,000	3,108,000	2,092,800	3,304,000	3,308,000	2,232,800
2,908,000	2,912,000	1,955,600	3,108,000	3,112,000	2,095,600	3,308,000	3,312,000	2,235,600
2,912,000	2,916,000	1,958,400	3,112,000	3,116,000	2,098,400	3,312,000	3,316,000	2,238,400
2,916,000	2,920,000	1,961,200	3,116,000	3,120,000	2,101,200	3,316,000	3,320,000	2,241,200
2,920,000	2,924,000	1,964,000	3,120,000	3,124,000	2,104,000	3,320,000	3,324,000	2,244,000
2,924,000	2,928,000	1,966,800	3,124,000	3,128,000	2,106,800	3,324,000	3,328,000	2,246,800
2,928,000	2,932,000	1,969,600	3,128,000	3,132,000	2,109,600	3,328,000	3,332,000	2,249,600
2,932,000	2,936,000	1,972,400	3,132,000	3,136,000	2,112,400	3,332,000	3,336,000	2,252,400
2,936,000	2,940,000	1,975,200	3,136,000	3,140,000	2,115,200	3,336,000	3,340,000	2,255,200
2,940,000	2,944,000	1,978,000	3,140,000	3,144,000	2,118,000	3,340,000	3,344,000	2,258,000
2,944,000	2,948,000	1,980,800	3,144,000	3,148,000	2,120,800	3,344,000	3,348,000	2,260,800
2,948,000	2,952,000	1,983,600	3,148,000	3,152,000	2,123,600	3,348,000	3,352,000	2,263,600
2,952,000	2,956,000	1,986,400	3,152,000	3,156,000	2,126,400	3,352,000	3,356,000	2,266,400
2,956,000	2,960,000	1,989,200	3,156,000	3,160,000	2,129,200	3,356,000	3,360,000	2,269,200
2,960,000	2,964,000	1,992,000	3,160,000	3,164,000	2,132,000	3,360,000	3,364,000	2,272,000
2,964,000	2,968,000	1,994,800	3,164,000	3,168,000	2,134,800	3,364,000	3,368,000	2,274,800
2,968,000	2,972,000	1,997,600	3,168,000	3,172,000	2,137,600	3,368,000	3,372,000	2,277,600

(四)

給与等の金額		給与所得控除後の給与等の金額	給与等の金額		給与所得控除後の給与等の金額	給与等の金額		給与所得控除後の給与等の金額
以　上	未　満		以　上	未　満		以　上	未　満	
円	円	円	円	円	円	円	円	円
3,372,000	3,376,000	2,280,400	3,572,000	3,576,000	2,420,400	3,772,000	3,776,000	2,577,600
3,376,000	3,380,000	2,283,200	3,576,000	3,580,000	2,423,200	3,776,000	3,780,000	2,580,800
3,380,000	3,384,000	2,286,000	3,580,000	3,584,000	2,426,000	3,780,000	3,784,000	2,584,000
3,384,000	3,388,000	2,288,800	3,584,000	3,588,000	2,428,800	3,784,000	3,788,000	2,587,200
3,388,000	3,392,000	2,291,600	3,588,000	3,592,000	2,431,600	3,788,000	3,792,000	2,590,400
3,392,000	3,396,000	2,294,400	3,592,000	3,596,000	2,434,400	3,792,000	3,796,000	2,593,600
3,396,000	3,400,000	2,297,200	3,596,000	3,600,000	2,437,200	3,796,000	3,800,000	2,596,800
3,400,000	3,404,000	2,300,000	3,600,000	3,604,000	2,440,000	3,800,000	3,804,000	2,600,000
3,404,000	3,408,000	2,302,800	3,604,000	3,608,000	2,443,200	3,804,000	3,808,000	2,603,200
3,408,000	3,412,000	2,305,600	3,608,000	3,612,000	2,446,400	3,808,000	3,812,000	2,606,400
3,412,000	3,416,000	2,308,400	3,612,000	3,616,000	2,449,600	3,812,000	3,816,000	2,609,600
3,416,000	3,420,000	2,311,200	3,616,000	3,620,000	2,452,800	3,816,000	3,820,000	2,612,800
3,420,000	3,424,000	2,314,000	3,620,000	3,624,000	2,456,000	3,820,000	3,824,000	2,616,000
3,424,000	3,428,000	2,316,800	3,624,000	3,628,000	2,459,200	3,824,000	3,828,000	2,619,200
3,428,000	3,432,000	2,319,600	3,628,000	3,632,000	2,462,400	3,828,000	3,832,000	2,622,400
3,432,000	3,436,000	2,322,400	3,632,000	3,636,000	2,465,600	3,832,000	3,836,000	2,625,600
3,436,000	3,440,000	2,325,200	3,636,000	3,640,000	2,468,800	3,836,000	3,840,000	2,628,800
3,440,000	3,444,000	2,328,000	3,640,000	3,644,000	2,472,000	3,840,000	3,844,000	2,632,000
3,444,000	3,448,000	2,330,800	3,644,000	3,648,000	2,475,200	3,844,000	3,848,000	2,635,200
3,448,000	3,452,000	2,333,600	3,648,000	3,652,000	2,478,400	3,848,000	3,852,000	2,638,400
3,452,000	3,456,000	2,336,400	3,652,000	3,656,000	2,481,600	3,852,000	3,856,000	2,641,600
3,456,000	3,460,000	2,339,200	3,656,000	3,660,000	2,484,800	3,856,000	3,860,000	2,644,800
3,460,000	3,464,000	2,342,000	3,660,000	3,664,000	2,488,000	3,860,000	3,864,000	2,648,000
3,464,000	3,468,000	2,344,800	3,664,000	3,668,000	2,491,200	3,864,000	3,868,000	2,651,200
3,468,000	3,472,000	2,347,600	3,668,000	3,672,000	2,494,400	3,868,000	3,872,000	2,654,400
3,472,000	3,476,000	2,350,400	3,672,000	3,676,000	2,497,600	3,872,000	3,876,000	2,657,600
3,476,000	3,480,000	2,353,200	3,676,000	3,680,000	2,500,800	3,876,000	3,880,000	2,660,800
3,480,000	3,484,000	2,356,000	3,680,000	3,684,000	2,504,000	3,880,000	3,884,000	2,664,000
3,484,000	3,488,000	2,358,800	3,684,000	3,688,000	2,507,200	3,884,000	3,888,000	2,667,200
3,488,000	3,492,000	2,361,600	3,688,000	3,692,000	2,510,400	3,888,000	3,892,000	2,670,400
3,492,000	3,496,000	2,364,400	3,692,000	3,696,000	2,513,600	3,892,000	3,896,000	2,673,600
3,496,000	3,500,000	2,367,200	3,696,000	3,700,000	2,516,800	3,896,000	3,900,000	2,676,800
3,500,000	3,504,000	2,370,000	3,700,000	3,704,000	2,520,000	3,900,000	3,904,000	2,680,000
3,504,000	3,508,000	2,372,800	3,704,000	3,708,000	2,523,200	3,904,000	3,908,000	2,683,200
3,508,000	3,512,000	2,375,600	3,708,000	3,712,000	2,526,400	3,908,000	3,912,000	2,686,400
3,512,000	3,516,000	2,378,400	3,712,000	3,716,000	2,529,600	3,912,000	3,916,000	2,689,600
3,516,000	3,520,000	2,381,200	3,716,000	3,720,000	2,532,800	3,916,000	3,920,000	2,692,800
3,520,000	3,524,000	2,384,000	3,720,000	3,724,000	2,536,000	3,920,000	3,924,000	2,696,000
3,524,000	3,528,000	2,386,800	3,724,000	3,728,000	2,539,200	3,924,000	3,928,000	2,699,200
3,528,000	3,532,000	2,389,600	3,728,000	3,732,000	2,542,400	3,928,000	3,932,000	2,702,400
3,532,000	3,536,000	2,392,400	3,732,000	3,736,000	2,545,600	3,932,000	3,936,000	2,705,600
3,536,000	3,540,000	2,395,200	3,736,000	3,740,000	2,548,800	3,936,000	3,940,000	2,708,800
3,540,000	3,544,000	2,398,000	3,740,000	3,744,000	2,552,000	3,940,000	3,944,000	2,712,000
3,544,000	3,548,000	2,400,800	3,744,000	3,748,000	2,555,200	3,944,000	3,948,000	2,715,200
3,548,000	3,552,000	2,403,600	3,748,000	3,752,000	2,558,400	3,948,000	3,952,000	2,718,400
3,552,000	3,556,000	2,406,400	3,752,000	3,756,000	2,561,600	3,952,000	3,956,000	2,721,600
3,556,000	3,560,000	2,409,200	3,756,000	3,760,000	2,564,800	3,956,000	3,960,000	2,724,800
3,560,000	3,564,000	2,412,000	3,760,000	3,764,000	2,568,000	3,960,000	3,964,000	2,728,000
3,564,000	3,568,000	2,414,800	3,764,000	3,768,000	2,571,200	3,964,000	3,968,000	2,731,200
3,568,000	3,572,000	2,417,600	3,768,000	3,772,000	2,574,400	3,968,000	3,972,000	2,734,400

（五）

給与等の金額		給与所得控除後の給与等の金額	給与等の金額		給与所得控除後の給与等の金額	給与等の金額		給与所得控除後の給与等の金額
以上	未満		以上	未満		以上	未満	
円	円	円	円	円	円	円	円	円
3,972,000	3,976,000	2,737,600	4,172,000	4,176,000	2,897,600	4,372,000	4,376,000	3,057,600
3,976,000	3,980,000	2,740,800	4,176,000	4,180,000	2,900,800	4,376,000	4,380,000	3,060,800
3,980,000	3,984,000	2,744,000	4,180,000	4,184,000	2,904,000	4,380,000	4,384,000	3,064,000
3,984,000	3,988,000	2,747,200	4,184,000	4,188,000	2,907,200	4,384,000	4,388,000	3,067,200
3,988,000	3,992,000	2,750,400	4,188,000	4,192,000	2,910,400	4,388,000	4,392,000	3,070,400
3,992,000	3,996,000	2,753,600	4,192,000	4,196,000	2,913,600	4,392,000	4,396,000	3,073,600
3,996,000	4,000,000	2,756,800	4,196,000	4,200,000	2,916,800	4,396,000	4,400,000	3,076,800
4,000,000	4,004,000	2,760,000	4,200,000	4,204,000	2,920,000	4,400,000	4,404,000	3,080,000
4,004,000	4,008,000	2,763,200	4,204,000	4,208,000	2,923,200	4,404,000	4,408,000	3,083,200
4,008,000	4,012,000	2,766,400	4,208,000	4,212,000	2,926,400	4,408,000	4,412,000	3,086,400
4,012,000	4,016,000	2,769,600	4,212,000	4,216,000	2,929,600	4,412,000	4,416,000	3,089,600
4,016,000	4,020,000	2,772,800	4,216,000	4,220,000	2,932,800	4,416,000	4,420,000	3,092,800
4,020,000	4,024,000	2,776,000	4,220,000	4,224,000	2,936,000	4,420,000	4,424,000	3,096,000
4,024,000	4,028,000	2,779,200	4,224,000	4,228,000	2,939,200	4,424,000	4,428,000	3,099,200
4,028,000	4,032,000	2,782,400	4,228,000	4,232,000	2,942,400	4,428,000	4,432,000	3,102,400
4,032,000	4,036,000	2,785,600	4,232,000	4,236,000	2,945,600	4,432,000	4,436,000	3,105,600
4,036,000	4,040,000	2,788,800	4,236,000	4,240,000	2,948,800	4,436,000	4,440,000	3,108,800
4,040,000	4,044,000	2,792,000	4,240,000	4,244,000	2,952,000	4,440,000	4,444,000	3,112,000
4,044,000	4,048,000	2,795,200	4,244,000	4,248,000	2,955,200	4,444,000	4,448,000	3,115,200
4,048,000	4,052,000	2,798,400	4,248,000	4,252,000	2,958,400	4,448,000	4,452,000	3,118,400
4,052,000	4,056,000	2,801,600	4,252,000	4,256,000	2,961,600	4,452,000	4,456,000	3,121,600
4,056,000	4,060,000	2,804,800	4,256,000	4,260,000	2,964,800	4,456,000	4,460,000	3,124,800
4,060,000	4,064,000	2,808,000	4,260,000	4,264,000	2,968,000	4,460,000	4,464,000	3,128,000
4,064,000	4,068,000	2,811,200	4,264,000	4,268,000	2,971,200	4,464,000	4,468,000	3,131,200
4,068,000	4,072,000	2,814,400	4,268,000	4,272,000	2,974,400	4,468,000	4,472,000	3,134,400
4,072,000	4,076,000	2,817,600	4,272,000	4,276,000	2,977,600	4,472,000	4,476,000	3,137,600
4,076,000	4,080,000	2,820,800	4,276,000	4,280,000	2,980,800	4,476,000	4,480,000	3,140,800
4,080,000	4,084,000	2,824,000	4,280,000	4,284,000	2,984,000	4,480,000	4,484,000	3,144,000
4,084,000	4,088,000	2,827,200	4,284,000	4,288,000	2,987,200	4,484,000	4,488,000	3,147,200
4,088,000	4,092,000	2,830,400	4,288,000	4,292,000	2,990,400	4,488,000	4,492,000	3,150,400
4,092,000	4,096,000	2,833,600	4,292,000	4,296,000	2,993,600	4,492,000	4,496,000	3,153,600
4,096,000	4,100,000	2,836,800	4,296,000	4,300,000	2,996,800	4,496,000	4,500,000	3,156,800
4,100,000	4,104,000	2,840,000	4,300,000	4,304,000	3,000,000	4,500,000	4,504,000	3,160,000
4,104,000	4,108,000	2,843,200	4,304,000	4,308,000	3,003,200	4,504,000	4,508,000	3,163,200
4,108,000	4,112,000	2,846,400	4,308,000	4,312,000	3,006,400	4,508,000	4,512,000	3,166,400
4,112,000	4,116,000	2,849,600	4,312,000	4,316,000	3,009,600	4,512,000	4,516,000	3,169,600
4,116,000	4,120,000	2,852,800	4,316,000	4,320,000	3,012,800	4,516,000	4,520,000	3,172,800
4,120,000	4,124,000	2,856,000	4,320,000	4,324,000	3,016,000	4,520,000	4,524,000	3,176,000
4,124,000	4,128,000	2,859,200	4,324,000	4,328,000	3,019,200	4,524,000	4,528,000	3,179,200
4,128,000	4,132,000	2,862,400	4,328,000	4,332,000	3,022,400	4,528,000	4,532,000	3,182,400
4,132,000	4,136,000	2,865,600	4,332,000	4,336,000	3,025,600	4,532,000	4,536,000	3,185,600
4,136,000	4,140,000	2,868,800	4,336,000	4,340,000	3,028,800	4,536,000	4,540,000	3,188,800
4,140,000	4,144,000	2,872,000	4,340,000	4,344,000	3,032,000	4,540,000	4,544,000	3,192,000
4,144,000	4,148,000	2,875,200	4,344,000	4,348,000	3,035,200	4,544,000	4,548,000	3,195,200
4,148,000	4,152,000	2,878,400	4,348,000	4,352,000	3,038,400	4,548,000	4,552,000	3,198,400
4,152,000	4,156,000	2,881,600	4,352,000	4,356,000	3,041,600	4,552,000	4,556,000	3,201,600
4,156,000	4,160,000	2,884,800	4,356,000	4,360,000	3,044,800	4,556,000	4,560,000	3,204,800
4,160,000	4,164,000	2,888,000	4,360,000	4,364,000	3,048,000	4,560,000	4,564,000	3,208,000
4,164,000	4,168,000	2,891,200	4,364,000	4,368,000	3,051,200	4,564,000	4,568,000	3,211,200
4,168,000	4,172,000	2,894,400	4,368,000	4,372,000	3,054,400	4,568,000	4,572,000	3,214,400

(六)

給与等の金額		給与所得控除後の給与等の金額	給与等の金額		給与所得控除後の給与等の金額	給与等の金額		給与所得控除後の給与等の金額
以上	未満		以上	未満		以上	未満	
円	円	円	円	円	円	円	円	円
4,572,000	4,576,000	3,217,600	4,772,000	4,776,000	3,377,600	4,972,000	4,976,000	3,537,600
4,576,000	4,580,000	3,220,800	4,776,000	4,780,000	3,380,800	4,976,000	4,980,000	3,540,800
4,580,000	4,584,000	3,224,000	4,780,000	4,784,000	3,384,000	4,980,000	4,984,000	3,544,000
4,584,000	4,588,000	3,227,200	4,784,000	4,788,000	3,387,200	4,984,000	4,988,000	3,547,200
4,588,000	4,592,000	3,230,400	4,788,000	4,792,000	3,390,400	4,988,000	4,992,000	3,550,400
4,592,000	4,596,000	3,233,600	4,792,000	4,796,000	3,393,600	4,992,000	4,996,000	3,553,600
4,596,000	4,600,000	3,236,800	4,796,000	4,800,000	3,396,800	4,996,000	5,000,000	3,556,800
4,600,000	4,604,000	3,240,000	4,800,000	4,804,000	3,400,000	5,000,000	5,004,000	3,560,000
4,604,000	4,608,000	3,243,200	4,804,000	4,808,000	3,403,200	5,004,000	5,008,000	3,563,200
4,608,000	4,612,000	3,246,400	4,808,000	4,812,000	3,406,400	5,008,000	5,012,000	3,566,400
4,612,000	4,616,000	3,249,600	4,812,000	4,816,000	3,409,600	5,012,000	5,016,000	3,569,600
4,616,000	4,620,000	3,252,800	4,816,000	4,820,000	3,412,800	5,016,000	5,020,000	3,572,800
4,620,000	4,624,000	3,256,000	4,820,000	4,824,000	3,416,000	5,020,000	5,024,000	3,576,000
4,624,000	4,628,000	3,259,200	4,824,000	4,828,000	3,419,200	5,024,000	5,028,000	3,579,200
4,628,000	4,632,000	3,262,400	4,828,000	4,832,000	3,422,400	5,028,000	5,032,000	3,582,400
4,632,000	4,636,000	3,265,600	4,832,000	4,836,000	3,425,600	5,032,000	5,036,000	3,585,600
4,636,000	4,640,000	3,268,800	4,836,000	4,840,000	3,428,800	5,036,000	5,040,000	3,588,800
4,640,000	4,644,000	3,272,000	4,840,000	4,844,000	3,432,000	5,040,000	5,044,000	3,592,000
4,644,000	4,648,000	3,275,200	4,844,000	4,848,000	3,435,200	5,044,000	5,048,000	3,595,200
4,648,000	4,652,000	3,278,400	4,848,000	4,852,000	3,438,400	5,048,000	5,052,000	3,598,400
4,652,000	4,656,000	3,281,600	4,852,000	4,856,000	3,441,600	5,052,000	5,056,000	3,601,600
4,656,000	4,660,000	3,284,800	4,856,000	4,860,000	3,444,800	5,056,000	5,060,000	3,604,800
4,660,000	4,664,000	3,288,000	4,860,000	4,864,000	3,448,000	5,060,000	5,064,000	3,608,000
4,664,000	4,668,000	3,291,200	4,864,000	4,868,000	3,451,200	5,064,000	5,068,000	3,611,200
4,668,000	4,672,000	3,294,400	4,868,000	4,872,000	3,454,400	5,068,000	5,072,000	3,614,400
4,672,000	4,676,000	3,297,600	4,872,000	4,876,000	3,457,600	5,072,000	5,076,000	3,617,600
4,676,000	4,680,000	3,300,800	4,876,000	4,880,000	3,460,800	5,076,000	5,080,000	3,620,800
4,680,000	4,684,000	3,304,000	4,880,000	4,884,000	3,464,000	5,080,000	5,084,000	3,624,000
4,684,000	4,688,000	3,307,200	4,884,000	4,888,000	3,467,200	5,084,000	5,088,000	3,627,200
4,688,000	4,692,000	3,310,400	4,888,000	4,892,000	3,470,400	5,088,000	5,092,000	3,630,400
4,692,000	4,696,000	3,313,600	4,892,000	4,896,000	3,473,600	5,092,000	5,096,000	3,633,600
4,696,000	4,700,000	3,316,800	4,896,000	4,900,000	3,476,800	5,096,000	5,100,000	3,636,800
4,700,000	4,704,000	3,320,000	4,900,000	4,904,000	3,480,000	5,100,000	5,104,000	3,640,000
4,704,000	4,708,000	3,323,200	4,904,000	4,908,000	3,483,200	5,104,000	5,108,000	3,643,200
4,708,000	4,712,000	3,326,400	4,908,000	4,912,000	3,486,400	5,108,000	5,112,000	3,646,400
4,712,000	4,716,000	3,329,600	4,912,000	4,916,000	3,489,600	5,112,000	5,116,000	3,649,600
4,716,000	4,720,000	3,332,800	4,916,000	4,920,000	3,492,800	5,116,000	5,120,000	3,652,800
4,720,000	4,724,000	3,336,000	4,920,000	4,924,000	3,496,000	5,120,000	5,124,000	3,656,000
4,724,000	4,728,000	3,339,200	4,924,000	4,928,000	3,499,200	5,124,000	5,128,000	3,659,200
4,728,000	4,732,000	3,342,400	4,928,000	4,932,000	3,502,400	5,128,000	5,132,000	3,662,400
4,732,000	4,736,000	3,345,600	4,932,000	4,936,000	3,505,600	5,132,000	5,136,000	3,665,600
4,736,000	4,740,000	3,348,800	4,936,000	4,940,000	3,508,800	5,136,000	5,140,000	3,668,800
4,740,000	4,744,000	3,352,000	4,940,000	4,944,000	3,512,000	5,140,000	5,144,000	3,672,000
4,744,000	4,748,000	3,355,200	4,944,000	4,948,000	3,515,200	5,144,000	5,148,000	3,675,200
4,748,000	4,752,000	3,358,400	4,948,000	4,952,000	3,518,400	5,148,000	5,152,000	3,678,400
4,752,000	4,756,000	3,361,600	4,952,000	4,956,000	3,521,600	5,152,000	5,156,000	3,681,600
4,756,000	4,760,000	3,364,800	4,956,000	4,960,000	3,524,800	5,156,000	5,160,000	3,684,800
4,760,000	4,764,000	3,368,000	4,960,000	4,964,000	3,528,000	5,160,000	5,164,000	3,688,000
4,764,000	4,768,000	3,371,200	4,964,000	4,968,000	3,531,200	5,164,000	5,168,000	3,691,200
4,768,000	4,772,000	3,374,400	4,968,000	4,972,000	3,534,400	5,168,000	5,172,000	3,694,400

（七）

給与等の金額		給与所得控除後の給与等の金額	給与等の金額		給与所得控除後の給与等の金額	給与等の金額		給与所得控除後の給与等の金額
以上	未満		以上	未満		以上	未満	
円	円	円	円	円	円	円	円	円
5,172,000	5,176,000	3,697,600	5,372,000	5,376,000	3,857,600	5,572,000	5,576,000	4,017,600
5,176,000	5,180,000	3,700,800	5,376,000	5,380,000	3,860,800	5,576,000	5,580,000	4,020,800
5,180,000	5,184,000	3,704,000	5,380,000	5,384,000	3,864,000	5,580,000	5,584,000	4,024,000
5,184,000	5,188,000	3,707,200	5,384,000	5,388,000	3,867,200	5,584,000	5,588,000	4,027,200
5,188,000	5,192,000	3,710,400	5,388,000	5,392,000	3,870,400	5,588,000	5,592,000	4,030,400
5,192,000	5,196,000	3,713,600	5,392,000	5,396,000	3,873,600	5,592,000	5,596,000	4,033,600
5,196,000	5,200,000	3,716,800	5,396,000	5,400,000	3,876,800	5,596,000	5,600,000	4,036,800
5,200,000	5,204,000	3,720,000	5,400,000	5,404,000	3,880,000	5,600,000	5,604,000	4,040,000
5,204,000	5,208,000	3,723,200	5,404,000	5,408,000	3,883,200	5,604,000	5,608,000	4,043,200
5,208,000	5,212,000	3,726,400	5,408,000	5,412,000	3,886,400	5,608,000	5,612,000	4,046,400
5,212,000	5,216,000	3,729,600	5,412,000	5,416,000	3,889,600	5,612,000	5,616,000	4,049,600
5,216,000	5,220,000	3,732,800	5,416,000	5,420,000	3,892,800	5,616,000	5,620,000	4,052,800
5,220,000	5,224,000	3,736,000	5,420,000	5,424,000	3,896,000	5,620,000	5,624,000	4,056,000
5,224,000	5,228,000	3,739,200	5,424,000	5,428,000	3,899,200	5,624,000	5,628,000	4,059,200
5,228,000	5,232,000	3,742,400	5,428,000	5,432,000	3,902,400	5,628,000	5,632,000	4,062,400
5,232,000	5,236,000	3,745,600	5,432,000	5,436,000	3,905,600	5,632,000	5,636,000	4,065,600
5,236,000	5,240,000	3,748,800	5,436,000	5,440,000	3,908,800	5,636,000	5,640,000	4,068,800
5,240,000	5,244,000	3,752,000	5,440,000	5,444,000	3,912,000	5,640,000	5,644,000	4,072,000
5,244,000	5,248,000	3,755,200	5,444,000	5,448,000	3,915,200	5,644,000	5,648,000	4,075,200
5,248,000	5,252,000	3,758,400	5,448,000	5,452,000	3,918,400	5,648,000	5,652,000	4,078,400
5,252,000	5,256,000	3,761,600	5,452,000	5,456,000	3,921,600	5,652,000	5,656,000	4,081,600
5,256,000	5,260,000	3,764,800	5,456,000	5,460,000	3,924,800	5,656,000	5,660,000	4,084,800
5,260,000	5,264,000	3,768,000	5,460,000	5,464,000	3,928,000	5,660,000	5,664,000	4,088,000
5,264,000	5,268,000	3,771,200	5,464,000	5,468,000	3,931,200	5,664,000	5,668,000	4,091,200
5,268,000	5,272,000	3,774,400	5,468,000	5,472,000	3,934,400	5,668,000	5,672,000	4,094,400
5,272,000	5,276,000	3,777,600	5,472,000	5,476,000	3,937,600	5,672,000	5,676,000	4,097,600
5,276,000	5,280,000	3,780,800	5,476,000	5,480,000	3,940,800	5,676,000	5,680,000	4,100,800
5,280,000	5,284,000	3,784,000	5,480,000	5,484,000	3,944,000	5,680,000	5,684,000	4,104,000
5,284,000	5,288,000	3,787,200	5,484,000	5,488,000	3,947,200	5,684,000	5,688,000	4,107,200
5,288,000	5,292,000	3,790,400	5,488,000	5,492,000	3,950,400	5,688,000	5,692,000	4,110,400
5,292,000	5,296,000	3,793,600	5,492,000	5,496,000	3,953,600	5,692,000	5,696,000	4,113,600
5,296,000	5,300,000	3,796,800	5,496,000	5,500,000	3,956,800	5,696,000	5,700,000	4,116,800
5,300,000	5,304,000	3,800,000	5,500,000	5,504,000	3,960,000	5,700,000	5,704,000	4,120,000
5,304,000	5,308,000	3,803,200	5,504,000	5,508,000	3,963,200	5,704,000	5,708,000	4,123,200
5,308,000	5,312,000	3,806,400	5,508,000	5,512,000	3,966,400	5,708,000	5,712,000	4,126,400
5,312,000	5,316,000	3,809,600	5,512,000	5,516,000	3,969,600	5,712,000	5,716,000	4,129,600
5,316,000	5,320,000	3,812,800	5,516,000	5,520,000	3,972,800	5,716,000	5,720,000	4,132,800
5,320,000	5,324,000	3,816,000	5,520,000	5,524,000	3,976,000	5,720,000	5,724,000	4,136,000
5,324,000	5,328,000	3,819,200	5,524,000	5,528,000	3,979,200	5,724,000	5,728,000	4,139,200
5,328,000	5,332,000	3,822,400	5,528,000	5,532,000	3,982,400	5,728,000	5,732,000	4,142,400
5,332,000	5,336,000	3,825,600	5,532,000	5,536,000	3,985,600	5,732,000	5,736,000	4,145,600
5,336,000	5,340,000	3,828,800	5,536,000	5,540,000	3,988,800	5,736,000	5,740,000	4,148,800
5,340,000	5,344,000	3,832,000	5,540,000	5,544,000	3,992,000	5,740,000	5,744,000	4,152,000
5,344,000	5,348,000	3,835,200	5,544,000	5,548,000	3,995,200	5,744,000	5,748,000	4,155,200
5,348,000	5,352,000	3,838,400	5,548,000	5,552,000	3,998,400	5,748,000	5,752,000	4,158,400
5,352,000	5,356,000	3,841,600	5,552,000	5,556,000	4,001,600	5,752,000	5,756,000	4,161,600
5,356,000	5,360,000	3,844,800	5,556,000	5,560,000	4,004,800	5,756,000	5,760,000	4,164,800
5,360,000	5,364,000	3,848,000	5,560,000	5,564,000	4,008,000	5,760,000	5,764,000	4,168,000
5,364,000	5,368,000	3,851,200	5,564,000	5,568,000	4,011,200	5,764,000	5,768,000	4,171,200
5,368,000	5,372,000	3,854,400	5,568,000	5,572,000	4,014,400	5,768,000	5,772,000	4,174,400

(八)

給与等の金額		給与所得控除後の給与等の金額	給与等の金額		給与所得控除後の給与等の金額	給与等の金額		給与所得控除後の給与等の金額
以上	未満		以上	未満		以上	未満	
円	円	円	円	円	円	円	円	円
5,772,000	5,776,000	4,177,600	5,972,000	5,976,000	4,337,600	6,172,000	6,176,000	4,497,600
5,776,000	5,780,000	4,180,800	5,976,000	5,980,000	4,340,800	6,176,000	6,180,000	4,500,800
5,780,000	5,784,000	4,184,000	5,980,000	5,984,000	4,344,000	6,180,000	6,184,000	4,504,000
5,784,000	5,788,000	4,187,200	5,984,000	5,988,000	4,347,200	6,184,000	6,188,000	4,507,200
5,788,000	5,792,000	4,190,400	5,988,000	5,992,000	4,350,400	6,188,000	6,192,000	4,510,400
5,792,000	5,796,000	4,193,600	5,992,000	5,996,000	4,353,600	6,192,000	6,196,000	4,513,600
5,796,000	5,800,000	4,196,800	5,996,000	6,000,000	4,356,800	6,196,000	6,200,000	4,516,800
5,800,000	5,804,000	4,200,000	6,000,000	6,004,000	4,360,000	6,200,000	6,204,000	4,520,000
5,804,000	5,808,000	4,203,200	6,004,000	6,008,000	4,363,200	6,204,000	6,208,000	4,523,200
5,808,000	5,812,000	4,206,400	6,008,000	6,012,000	4,366,400	6,208,000	6,212,000	4,526,400
5,812,000	5,816,000	4,209,600	6,012,000	6,016,000	4,369,600	6,212,000	6,216,000	4,529,600
5,816,000	5,820,000	4,212,800	6,016,000	6,020,000	4,372,800	6,216,000	6,220,000	4,532,800
5,820,000	5,824,000	4,216,000	6,020,000	6,024,000	4,376,000	6,220,000	6,224,000	4,536,000
5,824,000	5,828,000	4,219,200	6,024,000	6,028,000	4,379,200	6,224,000	6,228,000	4,539,200
5,828,000	5,832,000	4,222,400	6,028,000	6,032,000	4,382,400	6,228,000	6,232,000	4,542,400
5,832,000	5,836,000	4,225,600	6,032,000	6,036,000	4,385,600	6,232,000	6,236,000	4,545,600
5,836,000	5,840,000	4,228,800	6,036,000	6,040,000	4,388,800	6,236,000	6,240,000	4,548,800
5,840,000	5,844,000	4,232,000	6,040,000	6,044,000	4,392,000	6,240,000	6,244,000	4,552,000
5,844,000	5,848,000	4,235,200	6,044,000	6,048,000	4,395,200	6,244,000	6,248,000	4,555,200
5,848,000	5,852,000	4,238,400	6,048,000	6,052,000	4,398,400	6,248,000	6,252,000	4,558,400
5,852,000	5,856,000	4,241,600	6,052,000	6,056,000	4,401,600	6,252,000	6,256,000	4,561,600
5,856,000	5,860,000	4,244,800	6,056,000	6,060,000	4,404,800	6,256,000	6,260,000	4,564,800
5,860,000	5,864,000	4,248,000	6,060,000	6,064,000	4,408,000	6,260,000	6,264,000	4,568,000
5,864,000	5,868,000	4,251,200	6,064,000	6,068,000	4,411,200	6,264,000	6,268,000	4,571,200
5,868,000	5,872,000	4,254,400	6,068,000	6,072,000	4,414,400	6,268,000	6,272,000	4,574,400
5,872,000	5,876,000	4,257,600	6,072,000	6,076,000	4,417,600	6,272,000	6,276,000	4,577,600
5,876,000	5,880,000	4,260,800	6,076,000	6,080,000	4,420,800	6,276,000	6,280,000	4,580,800
5,880,000	5,884,000	4,264,000	6,080,000	6,084,000	4,424,000	6,280,000	6,284,000	4,584,000
5,884,000	5,888,000	4,267,200	6,084,000	6,088,000	4,427,200	6,284,000	6,288,000	4,587,200
5,888,000	5,892,000	4,270,400	6,088,000	6,092,000	4,430,400	6,288,000	6,292,000	4,590,400
5,892,000	5,896,000	4,273,600	6,092,000	6,096,000	4,433,600	6,292,000	6,296,000	4,593,600
5,896,000	5,900,000	4,276,800	6,096,000	6,100,000	4,436,800	6,296,000	6,300,000	4,596,800
5,900,000	5,904,000	4,280,000	6,100,000	6,104,000	4,440,000	6,300,000	6,304,000	4,600,000
5,904,000	5,908,000	4,283,200	6,104,000	6,108,000	4,443,200	6,304,000	6,308,000	4,603,200
5,908,000	5,912,000	4,286,400	6,108,000	6,112,000	4,446,400	6,308,000	6,312,000	4,606,400
5,912,000	5,916,000	4,289,600	6,112,000	6,116,000	4,449,600	6,312,000	6,316,000	4,609,600
5,916,000	5,920,000	4,292,800	6,116,000	6,120,000	4,452,800	6,316,000	6,320,000	4,612,800
5,920,000	5,924,000	4,296,000	6,120,000	6,124,000	4,456,000	6,320,000	6,324,000	4,616,000
5,924,000	5,928,000	4,299,200	6,124,000	6,128,000	4,459,200	6,324,000	6,328,000	4,619,200
5,928,000	5,932,000	4,302,400	6,128,000	6,132,000	4,462,400	6,328,000	6,332,000	4,622,400
5,932,000	5,936,000	4,305,600	6,132,000	6,136,000	4,465,600	6,332,000	6,336,000	4,625,600
5,936,000	5,940,000	4,308,800	6,136,000	6,140,000	4,468,800	6,336,000	6,340,000	4,628,800
5,940,000	5,944,000	4,312,000	6,140,000	6,144,000	4,472,000	6,340,000	6,344,000	4,632,000
5,944,000	5,948,000	4,315,200	6,144,000	6,148,000	4,475,200	6,344,000	6,348,000	4,635,200
5,948,000	5,952,000	4,318,400	6,148,000	6,152,000	4,478,400	6,348,000	6,352,000	4,638,400
5,952,000	5,956,000	4,321,600	6,152,000	6,156,000	4,481,600	6,352,000	6,356,000	4,641,600
5,956,000	5,960,000	4,324,800	6,156,000	6,160,000	4,484,800	6,356,000	6,360,000	4,644,800
5,960,000	5,964,000	4,328,000	6,160,000	6,164,000	4,488,000	6,360,000	6,364,000	4,648,000
5,964,000	5,968,000	4,331,200	6,164,000	6,168,000	4,491,200	6,364,000	6,368,000	4,651,200
5,968,000	5,972,000	4,334,400	6,168,000	6,172,000	4,494,400	6,368,000	6,372,000	4,654,400

（九）

給与等の金額		給与所得控除後の給与等の金額	給与等の金額		給与所得控除後の給与等の金額	給与等の金額		給与所得控除後の給与等の金額
以上	未満		以上	未満		以上	未満	
円	円	円	円	円	円	円	円	
6,372,000	6,376,000	4,657,600	6,492,000	6,496,000	4,753,600	6,600,000	8,500,000	給与等の金額に90％を乗じて算出した金額から1,100,000円を控除した金額
6,376,000	6,380,000	4,660,800	6,496,000	6,500,000	4,756,800			
6,380,000	6,384,000	4,664,000	6,500,000	6,504,000	4,760,000			
6,384,000	6,388,000	4,667,200	6,504,000	6,508,000	4,763,200			
6,388,000	6,392,000	4,670,400	6,508,000	6,512,000	4,766,400			
6,392,000	6,396,000	4,673,600	6,512,000	6,516,000	4,769,600	8,500,000	20,000,000	給与等の金額から1,950,000円を控除した金額
6,396,000	6,400,000	4,676,800	6,516,000	6,520,000	4,772,800			
6,400,000	6,404,000	4,680,000	6,520,000	6,524,000	4,776,000			
6,404,000	6,408,000	4,683,200	6,524,000	6,528,000	4,779,200			
6,408,000	6,412,000	4,686,400	6,528,000	6,532,000	4,782,400			
6,412,000	6,416,000	4,689,600	6,532,000	6,536,000	4,785,600	20,000,000円		18,050,000円
6,416,000	6,420,000	4,692,800	6,536,000	6,540,000	4,788,800			
6,420,000	6,424,000	4,696,000	6,540,000	6,544,000	4,792,000			
6,424,000	6,428,000	4,699,200	6,544,000	6,548,000	4,795,200			
6,428,000	6,432,000	4,702,400	6,548,000	6,552,000	4,798,400			
6,432,000	6,436,000	4,705,600	6,552,000	6,556,000	4,801,600			
6,436,000	6,440,000	4,708,800	6,556,000	6,560,000	4,804,800			
6,440,000	6,444,000	4,712,000	6,560,000	6,564,000	4,808,000			
6,444,000	6,448,000	4,715,200	6,564,000	6,568,000	4,811,200			
6,448,000	6,452,000	4,718,400	6,568,000	6,572,000	4,814,400			
6,452,000	6,456,000	4,721,600	6,572,000	6,576,000	4,817,600			
6,456,000	6,460,000	4,724,800	6,576,000	6,580,000	4,820,800			
6,460,000	6,464,000	4,728,000	6,580,000	6,584,000	4,824,000			
6,464,000	6,468,000	4,731,200	6,584,000	6,588,000	4,827,200			
6,468,000	6,472,000	4,734,400	6,588,000	6,592,000	4,830,400			
6,472,000	6,476,000	4,737,600	6,592,000	6,596,000	4,833,600			
6,476,000	6,480,000	4,740,800	6,596,000	6,600,000	4,836,800			
6,480,000	6,484,000	4,744,000						
6,484,000	6,488,000	4,747,200						
6,488,000	6,492,000	4,750,400						

4　年末調整のための算出所得税額の速算表（令和２年分）

課税給与所得金額(A)		税率(B)	控除額(C)	税額＝(A)×(B)－(C)
	1,950,000円以下	5%	—	(A)×5%
1,950,000円超	3,300,000円〃	10%	97,500円	(A)×10%－97,500円
3,300,000円〃	6,950,000円〃	20%	427,500円	(A)×20%－427,500円
6,950,000円〃	9,000,000円〃	23%	636,000円	(A)×23%－636,000円
9,000,000円〃	18,000,000円〃	33%	1,536,000円	(A)×33%－1,536,000円
18,000,000円〃	18,050,000円〃	40%	2,796,000円	(A)×40%－2,796,000円

（注）１　課税給与所得金額に1,000円未満の端数があるときは、これを切り捨てます。

２　課税給与所得金額が18,050,000円（給与収入額20,000,000円）を超える場合は、年末調整の対象となりません。

5　源泉徴収のための退職所得控除額の表（令和２年分）

勤続年数	退職所得控除額		勤続年数	退職所得控除額	
	一般退職の場合	障害退職の場合		一般退職の場合	障害退職の場合
	千円	千円		千円	千円
2年以下	800	1,800	24年	10,800	11,800
3年	1,200	2,200	25年	11,500	12,500
4年	1,600	2,600	26年	12,200	13,200
5年	2,000	3,000	27年	12,900	13,900
6年	2,400	3,400	28年	13,600	14,600
7年	2,800	3,800	29年	14,300	15,300
8年	3,200	4,200	30年	15,000	16,000
9年	3,600	4,600	31年	15,700	16,700
10年	4,000	5,000	32年	16,400	17,400
11年	4,400	5,400	33年	17,100	18,100
12年	4,800	5,800	34年	17,800	18,800
13年	5,200	6,200	35年	18,500	19,500
14年	5,600	6,600	36年	19,200	20,200
15年	6,000	7,000	37年	19,900	20,900
16年	6,400	7,400	38年	20,600	31,600
17年	6,800	7,800	39年	21,300	22,300
18年	7,200	8,200	40年	22,000	23,000
19年	7,600	8,600	41年以上	22,000千円に、勤続年数が40年を超える１年ごとに700千円を加算した金額	23,000千円に、勤続年数が40年を超える１年ごとに700千円を加算した金額
20年	8,000	9,000			
21年	8,700	9,700			
22年	9,400	10,400			
23年	10,100	11,100			

【著者紹介】

税理士　**杉山　茂**（すぎやま　しげる）

宮城県出身。東京国税局採用。税務大学校教授、東京国税不服審判所国税審判官、税務署長を歴任後退官、現在税理士。源泉所得税に関しては、東京国税局法人課税課源泉所得税係、都内税務署において、源泉所得税の統括国税調査官及び国際調査情報官等を担当する。

税理士　**上野　登**（うえの　のぼる）

北海道出身。東京国税局採用。東京国税局調査部統括官、東京国税不服審判所国税審判官、税務大学校研究部教授、税務署長を歴任後退官、現在税理士。源泉所得税に関しては、東京国税局において、源泉審理係長等を担当する。

本書の内容に関するご質問は、ファクシミリ等、文書で編集部宛にお願いいたします。(fax 03-6777-3483)

なお、個別のご相談は受け付けておりません。

実務担当者・社員のための　**給与と源泉徴収**

平成30年10月26日　初版第1刷発行
令和2年9月18日　第2版第1刷印刷
令和2年9月25日　第2版第1刷発行

© 著者　杉山　茂
上野　登

発行所　税務研究会出版局
週刊「税務通信」「経営財務」発行所
代表者　山根　毅

郵便番号100-0005
東京都千代田区丸の内1-8-2
鉄鋼ビルディング
振替00160-3-76223
電話〔書籍編集〕03(6777)3463
〔書店専用〕03(6777)3466
〔書籍注文〕(お客さまサービスセンター) 03(6777)3450

各事業所　電話番号一覧

北海道011(221)8348	神奈川045(263)2822	中国082(243)3720
東北022(222)3858	中部052(261)0381	九州092(721)0644
関信048(647)5544	関西06(6943)2251	

当社 HP → https://www.zeiken.co.jp

乱丁・落丁の場合はお取替え致します。　印刷・製本　㈱光邦
ISBN978-4-7931-2578-2